Nous avons tant de choses
à nous dire

« *Paroles vives* »

Rachid Benzine
Christian Delorme

Nous avons tant de choses à nous dire

Albin Michel

Albin Michel
■ *Spiritualités* ■

*Collections dirigées par Jean Mouttapa
et Marc de Smedt*

© Éditions Albin Michel, S.A., 1997
22, rue Huyghens, 75014 Paris

ISBN 2-226-09229-3
ISSN 1151-9061

Sommaire

Avant-propos	9
Ouverture	11
Première partie par Rachid Benzine	15
Du Maroc à l'Ile-de-France	17
Ce Dieu si familier	26
A la rencontre des chrétiens	38
Deuxième partie par Christian Delorme	51
Fasciné par Martin Luther King	53
Apprentissage de Dieu	61
Découverte de l'islam	73
Troisième partie : Quand islam et christianisme s'embrassent	85
Ces Ecritures qui nous bousculent	87
Jésus-Tendresse	98
Muhammad, ce méconnu	120
Un Dieu de miséricorde	150
Le Dieu des pauvres	160
Le souvenir de Dieu	170
Demander Dieu à Dieu	183

Contre tous les intégrismes	200
L'inévitable dialogue interreligieux	213
Qui donc est l'homme, Seigneur ?	228
Glossaire	241
Quelques adresses	251

Avant-propos

Notre rencontre n'a même pas deux ans. Elle s'est produite à l'occasion d'un séminaire consacré à l'engagement de certains jeunes de nos banlieues de France dans un islam militant. Nous avons peu parlé ce jour-là, et cependant nous nous sommes reconnus. Les attentes et les interrogations de l'un rejoignaient, de toute évidence, celles de l'autre. Il paraissait « écrit » depuis longtemps que nous devions nous trouver...

Malgré nos origines et nos parcours très contrastés, en dépit de la différence d'âge, nous nous sommes découvert presque aussitôt une sensibilité commune, une manière assez semblable de regarder le monde, d'être en relation avec autrui. Surtout, nous avons réalisé que Dieu comptait tout autant dans la vie de l'un et de l'autre, et que, malgré des formulations de foi difficilement conciliables, nous pouvions, ensemble, parler de Lui.

En un temps où les intolérances et les violences fanatiques tendent à se multiplier aux quatre coins de la planète, avec le retour des intégrismes qui prétendent défendre la grandeur de Dieu en s'en prenant pourtant à ses créatures, il nous a semblé que notre témoignage

AVANT-PROPOS

pouvait être utile. Notre engagement dans les « quartiers sensibles », nos voyages, aussi, en divers lieux du monde, nous ont convaincus que la majorité des gens aspirent à la fraternité, même si l'être humain, fragile, se laisse vite emporter dans les tornades de la haine.

Ce livre se veut une sorte de chant à deux voix, qui dit la tendresse de Dieu et en appelle à la tendresse des hommes. Ceux qui, parmi nos lecteurs, sont des pratiquants réguliers de l'une ou de l'autre de nos religions auront parfois l'impression que nous répétons des choses évidentes. Mais notre travail a été pensé autant pour les croyants des deux traditions que pour d'autres personnes. A chacun de ceux qui vont nous lire, nous souhaitons d'apprendre sur la foi de l'autre autant que nous avons appris nous-mêmes.

Nous espérons simplement que notre partition sera reprise et enrichie par beaucoup d'autres interprètes et compositeurs, et qu'ainsi se fera davantage entendre une « symphonie pour une humanité réconciliée ».

Rachid Benzine - Christian Delorme,
Trappes-Lyon, 1er janvier 1997.

Ouverture

Dieu attend-Il qu'on parle de Lui ? Bien souvent les hommes discourent sur eux-mêmes quand ils parlent de Dieu. Et quand c'est Dieu qui fait entendre Sa voix, les hommes interprètent, trient, font le choix de ce qui leur convient et mettent de côté ce qui les dérange. La reconnaissance de ce qui est considéré, ici ou là, comme Parole de Dieu est même mise en cause ! « La Bible est-elle Parole de Dieu ? » n'a cessé de s'interroger pendant des années un célèbre prédicateur musulman d'Afrique du Sud à grands coups de conférences, livres et cassettes vidéo, avant de répondre par un non absolu. Et des propagandistes chrétiens font de même en traitant du Coran. On oppose Parole de Dieu et Parole de Dieu. Chacun prétend savoir aussi bien que Dieu (mieux que Lui ?) ce qui est issu de Lui et ce qui ne l'est pas !

Tu veux savoir si la Bible, le Coran ou les Upanishad sont Parole de Dieu ou paroles d'hommes attribuées à Dieu ? Cherche donc des hommes et des femmes qui se nourrissent réellement de ces Ecritures, qui les lisent régulièrement et les laissent travailler en eux, et dis-nous si tu n'as pas le sentiment que ces textes sont pour eux parole de vie. Dis-nous si tu n'as pas l'impression que ces Ecritures les habitent, les éclairent, les pacifient, les rendent bons à l'égard des autres. Nous ne te demandons pas d'aller regarder forcément du côté des synagogues, des églises, des temples ou des mosquées. Cherche des croyants qui ne se montrent pas trop, souvent des hommes ou des femmes d'âge vénérable. Leurs corps sont parfois desséchés, mais on devine en eux des cœurs débordants de bonté. Ils ont des regards qui laissent voir leur paix et leur joie intérieures. « *Lâ ilâha ilâ Allah* », « Il n'y a de dieu que Dieu » te susurrera l'un. « Je crois que mon Rédempteur est vivant et qu'il s'appelle Jésus-Christ » te confiera un autre. Dans les deux cas, avec leurs mots, ils te diront : « Dieu seul est la vérité ultime, le commencement et l'achèvement. Lui seul donne la plénitude du bonheur. » Et ils te donneront peut-être envie d'aller chercher toi aussi cette présence dans ta vie. Il y a un très bel adjectif dans la langue française dont trop peu de gens perçoivent la richesse : enthousiaste. On trouve dans ce mot le terme grec qui désigne Dieu : *theos*. Oui : sois enthousiaste, tout plein de la joie que Dieu donne !

Nul ne peut connaître Dieu si cette connaissance ne lui est pas transmise ou s'il n'a pas le souci de Le chercher. Muhammad, prophète de l'islam (sur lui la paix et la bénédiction), comme Abraham, père d'une multitude de croyants, étaient chercheurs de Dieu avant que Celui-ci leur parle. Et s'ils ont entendu quelque chose, c'est parce qu'ils s'y étaient préparés. Abraham, rapporte la Bible, appartenait à la descendance de Noé. Il savait, par héritage clanique, que le Créateur peut faire alliance avec ses créatures. Quant à Muhammad, il faisait partie

OUVERTURE

de ceux que le Coran appelle les *hunafâ* (croyants originels), de ces hommes de La Mecque qui se réclamaient de la postérité d'Abraham et refusaient le polythéisme. Chaque année, pendant un mois, comme d'autres de sa tribu, il se retirait sur le mont Hirâ pour y vivre jour et nuit dans le recueillement.

Ecoute ! Dieu parle. Dieu *nous* parle. Voilà ce que nous voudrions savoir transmettre. Les vagues de l'océan comme le vent dans les branches, le soleil qui réchauffe comme la pluie qui rafraîchit, l'oiseau qui chante comme la fleur qui s'épanouit, tous ces visages humains dont aucun n'est vraiment identique à l'autre, tout cela, déjà, dit l'œuvre d'une Intelligence originelle, la création de Dieu. Et le Créateur souffle à l'âme attentive : « Regarde comme tout cela est bon ! » Comment, en considérant les œuvres, ne pas reconnaître l'Artisan ? Comment, en contemplant le monde, y compris dans ses meurtrissures, ne pas lire les signes d'une Présence ?

Première partie

PAR RACHID BENZINE

Du Maroc à l'Ile-de-France

J'aurais pu m'appeler Djamel. C'est ce qu'avaient décidé, ensemble, mes parents. Mais en cours de route, en se rendant au bureau d'état civil, mon père a changé d'avis, et j'ai été nommé Rachid. Sans doute en hommage à un premier enfant, Rachida, enlevée à la vie d'ici-bas alors qu'elle n'avait pas deux ans.

Six frères et sœurs m'ont précédé, et trois autres m'ont suivi. J'ai été le premier à naître, voici vingt-six ans, dans une chambre d'hôpital, mes aînés ayant vu le jour à la campagne, dans la maison familiale.

Originaires d'un douar situé à une centaine de kilomètres à l'est de Kenitra, mes parents, comme beaucoup d'autres villageois, avaient fait le choix courageux de venir tenter leur chance dans cette grande ville du bord de l'Atlantique, assez proche de la capitale, Rabat. Mon père était déjà un homme cultivé, amoureux des livres, ayant la passion de transmettre à d'autres les outils de la connaissance. Mais il n'était pas d'une famille fortunée et il n'avait pu accomplir jusqu'au bout un parcours universitaire. Quand il arriva à Kenitra avec ma mère et leurs premiers enfants, aucune maison ne pouvait les accueillir. Aussi s'installèrent-ils quelques mois chez une tante, dans un des immenses bidonvilles entourant Kenitra. Mais très vite ils acquirent une maison.

Les bidonvilles de la rive orientale de la Méditerranée ne sont pas les lieux tristes qu'on peut imaginer ici en France. La vie et la joie s'y expriment en abondance, même s'il n'est pas aisé aux habitants de trouver les moyens de se nourrir. J'aimais, quant à moi, y rejoindre les autres enfants pour jouer.

Mon père créa, presque aussitôt arrivé à Kenitra, une *jamaa*, une petite école où étaient enseignés aux enfants ne pouvant accéder aux écoles officielles des rudiments d'arabe, de calcul, mais aussi les premières connaissances religieuses. C'était un excellent maître dont la réputation dépassait les frontières de notre quartier. Une année, à l'initiative d'un groupe de ses anciens élèves, il fut même félicité officiellement à la télévision marocaine pour son œuvre de pédagogue en milieu défavorisé !

Je n'ai pas eu le temps de voir vivre mon père dans cette école. En 1972, il décidait, en effet, de pousser plus loin sa quête d'une vie meilleure pour la famille qu'il avait créée. Il partit seul en France, confiant la *jamaa* à ma sœur aînée Naïma... qui n'avait pourtant, à l'époque, que douze ans ! C'est Naïma qui m'a appris à lire et à écrire en arabe, à réciter avec respect et amour les sourates du Coran qu'elle nous faisait apprendre par cœur. Je revois encore la salle où tout cela se passait. Revêtus de tabliers bleus à carreaux blancs, nous étions une trentaine, assis sagement sur les bancs. Nous n'avions pas de tables, et quand Naïma nous interrogeait, nous levions bien haut nos petites ardoises.

Curieusement, je n'ai pas le sentiment que nous ayons douloureusement vécu l'absence de notre père. Ma mère, au caractère affirmé, secondée de Naïma, savait prendre soin de nous tous, et chacun contribuait à l'éducation des plus jeunes de la fratrie. Ayant rapidement trouvé du travail en région parisienne, dans le bâtiment, notre père restait très présent, parce que notre mère l'évoquait souvent, mais aussi parce que nous étions conscients que nous lui devions l'amélioration de notre niveau de vie. Il lui arrivait de revenir. Une fois, il fit son apparition au volant d'une Peugeot 304 toute noire. Mes frères et sœurs et moi étions très fiers. C'était, bien entendu, la plus belle voiture du quartier, en cette époque où peu de familles disposaient d'un véhicule personnel. Généreux comme à son habitude, mon père n'hésita pas à la prêter à un voisin. Mais celui-ci, inexpérimenté ou troublé, a envoyé la belle voiture dans un mur. Un accident sérieux, qui condamna le véhicule à la casse !

Progressivement, les économies que notre père réunissait nous ont permis d'améliorer sensiblement nos conditions de vie. J'avais quitté la *jamaa* pour rejoindre une école de l'Etat, où enseignait une de mes tantes. Toujours vêtu de mon tablier bleu à carreaux blancs, j'acquérais sans peine de bons résultats scolaires. Ce qui ne m'empêchait pas d'être un des premiers à courir jouer au foot lorsque sonnait la récréation ou la fin de la classe. Mon frère Abdy, qui aujourd'hui essaye de vivre de sa vocation de compositeur-interprète, était alors gardien de but dans le club de Kenitra qui était l'un des meilleurs du Maroc.

En mars 1978, nous avons fait à notre tour, tous les enfants et notre mère, le grand saut vers la France où nous avait devancés Naïma. Sous la houlette d'Abderrazak, de huit ans mon aîné, nous avons d'abord emprunté un premier train qui nous a emmenés de Kenitra jusqu'à Tanger. Après cela, nous avons franchi en bateau le détroit de Gibraltar, pour prendre un second train. C'est à ce moment que nous avons failli perdre Abderrazak, parti chercher de l'eau. Ses grandes jambes lui ont permis de nous rattraper, et nous avons traversé toute l'Espagne et une bonne partie de la France. Finalement, nous sommes parvenus à Trappes, cette ville moyenne des Yvelines où mon père avait fini par s'installer et où je vis toujours.

Le quartier Louis-Pergaud, où nous attendait un grand appartement en HLM, venait d'être construit, si bien que c'est dans une cité neuve que nous avons emménagé. La beauté des bâtiments, leur clarté, les espaces verts les entourant ont été pour moi un choc. C'était tellement plus riche que ce que j'avais connu jusqu'ici ! Mais la chaleur humaine du voisinage se faisait moins sentir qu'à Kenitra.

J'aimais l'école au Maroc ; je l'appréciais autant en Ile-de-France. Dans l'établissement Jean-Baptiste-Clément où mes parents m'avaient inscrit, ma première institutrice s'appelait Mme Cohen. Elle avait de longs cheveux noirs, et portait toujours des pantalons. Je n'ai pas oublié sa gentillesse. Nous l'aimions bien, et il m'arrivait de lui cueillir, dans les champs alentour, quelques pâquerettes que je lui offrais. Je l'entends encore me remercier par un : « Oh ! les belles fleurs ! » J'avais huit ans et je ne connaissais pas un mot de français. Tous les élèves de cette classe étaient des « primo-arrivants », comme on dit dans les milieux de travailleurs sociaux, et la tâche de la maîtresse était de nous faire entrer dans un monde au langage pour nous entièrement nouveau. Mais je venais d'une école du Maghreb, et je me retrouvais dans une classe où presque tous les enfants étaient également maghrébins. Le dépaysement n'était pas total. Grâce à cette enseignante et à quelques autres qui ont suivi, j'ai acquis très vite une bonne pratique de la langue française, et jamais on ne me reprochera même un « accent d'immigré ». J'aperçois, de temps à autre, Mme Cohen, maintenant à la retraite. Mais elle ne me reconnaît pas.

Par chance, mon goût d'apprendre ne m'a, à aucun moment, fait défaut. Les enseignants que j'ai eu la chance de rencontrer savaient, de surcroît, stimuler ce goût, au moins pour les élèves qui, comme moi, « marchaient bien ». Je repense à cet instituteur de CE 2, M. Sfartman. Tous les matins il nous faisait reprendre en chœur des chansons comme celle-ci, adaptée de Prévert : « En sortant de l'école, nous avons rencontré un grand chemin de fer qui nous a emmenés... » Parfois, il s'emparait de sa guitare, et la joie éclatait dans la classe.

Déjà au Maroc, j'avais demandé à ma sœur Naïma : « Combien d'années peut-on étudier ? » Et elle m'avait répondu : « Huit ans après le baccalauréat. – Alors, avais-je réagi, c'est ce que je ferai ! »

Au collège Le Village puis au lycée de la Plaine-de-Neauphle, deux établissements situés à Trappes, j'ai ainsi eu une scolarité sans histoire qui m'a mené tranquillement, à l'âge de dix-sept ans et demi, au baccalauréat. Sans me forcer j'ai été bon élève, et très vite j'ai eu le désir de devenir à mon tour enseignant. Une fois parvenu en classe de seconde, ma voie était tracée : je serais professeur d'économie !

Est-ce lié à mon origine marocaine ? Essayais-je de comprendre les mécanismes qui aboutissaient à l'immigration de millions d'hommes devant quitter leurs terres mères ? Toujours est-il que la passion de l'économie m'est venue essentiellement en découvrant que des économistes se préoccupaient des questions de développement et tentaient d'apporter des solutions. Mon professeur de seconde s'appelait Mme Surel. Une enseignante qui savait transmettre ses passions, en reliant à des situations bien concrètes des théories plus abstraites. Partie en Afrique, elle avait participé à un système de transfert de technologies. Elle pouvait dire que, de l'autre côté de la Méditerranée, il y avait des gens très intéressants qui cherchaient à s'en sortir. Un des auteurs qu'elle citait le plus souvent était l'Égyptien Samir Amin et sa réflexion sur « l'échange inégal ». Plus tard, quand j'eus vingt-deux ans, elle assista à mon premier cours, dans ce même lycée où j'ai été son élève.

J'aimais les maths, les équations, j'admirais ces économistes qui tentaient de résoudre des problèmes. Les théories de Keynes, d'Adam Smith, de Ricardo et de bien d'autres penseurs de l'économie me fascinaient. Plus tard, j'ai découvert la sociologie, et des auteurs comme Max Weber ou Durkheim m'ont également enthousiasmé. Aujourd'hui, c'est la théologie qui m'attire davantage, mais aussi les possibilités nouvelles ouvertes à l'humanité par le développement du multimédia et d'Internet.

Mes études universitaires se sont partagées entre la faculté d'économie de l'université de Nanterre, celle de Versailles-Saint-Quentin et Sciences-Po. Cinq années qui, au plan universitaire, se sont écoulées sans histoire, à l'image de mes années de collège et de lycée.

Car le plus étonnant, peut-être, de tout ce parcours scolaire et étudiant, c'est que, tout en l'ayant fait de manière assez satisfaisante et en y prenant plaisir, il n'a pas, pour autant, rempli toute ma vie ! A côté du lycée, à côté de l'université, j'avais, en effet, une autre passion : l'action associative dans le quartier.

Tout avait commencé par le foot avec les camarades du quartier, principalement Abdallah et Mohammed. Comme de nombreux adolescents, nous voulions un coin bien à nous. Un garage à vélos fit l'affaire. Nous y avions accroché nos posters de héros du ballon rond, et nous y passions des heures entières à discuter, écouter de la musique, boire du thé. Mais nous faisions du bruit, malgré les précautions que nous prenions, et les locataires voisins ont obtenu qu'on nous déloge.

Grâce à l'entremise d'un employé de la mairie de Trappes, nous avons été conduits à prendre contact avec les responsables d'un local commun résidentiel. Ce qui est formidable, c'est que ces adultes nous ont fait confiance : « Créez entre vous une véritable association, nous ont-ils dit ; faites des projets d'activité, et nous vous ouvrirons le local. » Plusieurs d'entre nous avaient entre dix-sept et dix-neuf ans. Pour ma part, je n'en avais que quinze, mais ma grande taille et mon développement physique me faisaient paraître plus vieux. Nous avons demandé à l'employé de mairie d'être président, à un instituteur que nous aimions bien d'être secrétaire, et le gardien d'un des immeubles des alentours s'est proposé comme trésorier. Ces adultes se portaient garants de nous, mais nous étions les vrais responsables. Comme nous cherchions un nom pour l'association, nos regards se sont portés sur une plaque lumineuse : « Issue de secours ». L'appellation était toute trouvée !

Ces années ont été l'occasion d'un merveilleux apprentissage de l'esprit d'initiative. Il n'était pas facile, pour l'adolescent que j'étais, d'assumer des responsabilités qui, d'ordinaire, incombent davantage à des adultes. Souvent, nous retrouvions notre local cassé. La déception était forte. Nous avions l'impression de réaliser des prodiges, et une seule personne pouvait réduire à néant nos efforts. A l'époque, il ne nous était pas aisé de comprendre que des jeunes puissent détruire ce qu'ils avaient contribué à construire. Mais la souffrance de certains, tellement habitués à l'échec, se traduisait par cette sorte d'autodestruction.

En dix ans, bien des choses se sont passées. N'ayant pu conserver ce deuxième local, il nous a fallu nous battre (deux cents jeunes marchant pacifiquement sur la mairie et envahissant les bureaux !) pour être enfin durablement « logés ». Aux activités de baby-foot et de ping-pong des premiers temps, ont succédé le soutien scolaire et l'initiation à l'informatique et au multimédia. Le football est resté longtemps le grand rendez-vous de tous les jeunes, et notre meilleure réussite. Il a été complété par la pratique du kick-boxing, un sport qui permet de canaliser son agressivité. Des voyages ont eu lieu, qui ont mené certains de l'Angleterre à Atlanta. Surtout, un grand nombre de jeunes du quartier, au cours de ces années, ont trouvé en Issue de secours un lieu où exister en pouvant prendre des initiatives, un lieu où parler, un lieu pour grandir. Notre bénévolat, nos moyens modestes ont été jusqu'ici les conditions d'une réussite sans éclat mais réelle. Dans le quartier, notre action, de toute évidence, a contribué à ce que la violence urbaine soit tenue à distance. Ainsi, pendant des années, nous n'avons pas connu les rondes incessantes d'équipages de police qui caractérisent tant de quartiers de France : il n'y en avait pas besoin.

Je ne me perçois pas comme étant ce qu'on appelle un militant. Bien conscient d'avoir reçu beaucoup plus que la majorité des jeunes de mon âge et de mon milieu social, j'ai simplement le désir de partager ce que l'on m'a appris et ce que je sais faire. Ma vocation fondamentale est l'enseignement. J'ai le souci de ceux qui ont des difficultés dans leur parcours scolaire. Je ne crois pas, en effet, qu'il y ait beaucoup de mauvais élèves, comme je ne crois pas dans l'existence des mauvais garçons (ou des mauvaises filles). Il y a surtout des jeunes qui, pour de multiples raisons, sont fragiles, parfois cassés. Ceux-là demandent à être aimés plus que les autres, et notre société, l'école, diverses institutions ne savent pas leur donner ce dont ils ont besoin. Mais chacun, j'en suis convaincu, peut toujours, à un moment ou à un autre, être pour quelqu'un l'ange du réconfort. Et à plusieurs, on peut faire surgir, qui sait, un « petit coin de paradis » !

Ce Dieu si familier

Certains vous diront que Dieu, qu'ils ignoraient, est entré un jour dans leur existence. En ce qui me concerne, je puis davantage affirmer que, en naissant, je suis entré dans une existence où Dieu était partout nommé, et donc partout présent.

Mes souvenirs d'enfance au Maroc, les huit premières années de ma vie, sont empreints des bruits et des silences de la prière : les muezzins lançant l'appel à se souvenir de Dieu, et dont les voix résonnaient à travers toute la ville de Kenitra, dans les quartiers pauvres comme dans les quartiers riches. Les boutiquiers confiant à un enfant ou à une femme leur échoppe ou leur magasin pour pouvoir rejoindre la mosquée la plus proche. Les maçons ou les cantonniers arrêtant quelques instants leur besogne. Tous ces fidèles, réajustant leur gandoura ou leur calotte, et se pressant pour aller se prosterner ensemble devant l'Unique... Souvent, les mosquées de quartiers s'avéraient trop petites pour contenir tous les adorateurs du Seul Vrai Dieu, et beaucoup devaient rester à prier dehors, sur les trottoirs ou la chaussée, étendant parfois leur veste en guise de tapis.

Aux heures de la prière, le sacré surgissait au cœur même de la vie. Ceux qui regardaient une émission à la télévision voyaient soudain celle-ci interrompue par l'intrusion de la prière. Au cas où d'aucuns l'auraient oublié, Dieu venait se rappeler à eux. « Souvenez-vous de Moi, et Je me souviendrai de vous ! » (Coran 2, 152). « A Dieu l'Orient et l'Occident. De quelque côté que vous vous tourniez, là est la face de Dieu. Dieu est immense et connaissant » (2, 115).

Pendant le mois de ramadan, cet enchevêtrement du sacré et de la vie profane se faisait sentir de manière plus forte encore. Dans notre quartier, alors que le jour était loin de se lever, vers trois heures du matin peut-être, un homme, envoyé par je ne sais qui, venait jouer de la trompette au seuil de chaque maison. Ceux qui n'étaient pas réveillés ne pouvaient guère résister au souffle puissant qu'il projetait dans son instrument !

Ma mère semblait attendre son passage. Elle se levait aussitôt, entraînait parfois ma sœur aînée avec elle, et elle se mettait à préparer à manger pour la collation permise avant que la nuit cesse. Encore tout petit, je désirais participer à ce moment-là. Mais bien souvent on ne me réveillait pas. « Tu as le sommeil bien trop profond, et j'ai eu beau te secouer : rien n'y a fait ! » me disait ma mère qui me préférait tranquillement endormi.

Bien entendu, je voulais faire comme les grands. Je racontais à mes quatre frères aînés que moi aussi je jeûnais, et qu'à mon âge il fallait du courage ! Ils n'en croyaient pas un mot, et me demandaient de tirer la langue, pour vérifier si celle-ci avait bien la blancheur qu'occasionne l'abstinence de nourriture. Evidemment, elle se révélait d'un beau rouge gourmand et j'étais traité de menteur. Alors je me réfugiais dans les pleurs, criant qu'ils n'avaient qu'à demander à notre sœur Naïma, et que celle-ci leur dirait bien la vérité. Je m'étais arrangé avec elle, et dans un sourire et un demi-mensonge elle répondait : « Il n'a presque rien mangé, trois fois rien... Son ramadan est valable. Bravo Rachid ! »

Ces semaines du ramadan constituaient un temps de fête. Comme des milliers et des milliers d'autres hommes, mon père revenait le soir à la maison avec, sous le bras, des beignets et du miel. Ma mère préparait sa succulente *harira* (soupe), si bonne que plusieurs voisins venaient lui en réclamer. Après manger, il était permis aux enfants d'aller jouer autour des maisons, et nous restions tard à rire et à nous démener.

Durant toutes ces années, les adultes que je voyais m'apparaissaient d'une exquise politesse. Je les regardais et les entendais avec plaisir se saluer : « *Salam alioukoum !* » (La paix soit sur toi !) « *Alioukoum salam !* » (Sur toi aussi la paix !) Puis de multiples paroles de bienveillance étaient échangées : « Comment ça va ? Comment va la famille ? Et les enfants ? Et Untel ?... » Une réponse faisait état de la maladie inquiétante d'un parent ? Un silence respectueux, compatissant, s'installait quelques instants, laissant la place à une prière : « Que Dieu le guérisse et lui vienne en aide », murmurait l'un des interlocuteurs. Quand la rencontre devait cesser, les personnes se séparaient en n'oubliant jamais de prévoir de se revoir... « *Inch Allah !* Si Dieu le veut ! »

Dès l'âge de trois ans, je l'ai déjà expliqué, je suis allé à l'école arabe, une de ces écoles indépendantes du système de l'Education nationale marocaine, que des personnes privées avaient le droit d'ouvrir. Celle où j'allais, créée par mon père, était installée au rez-de-chaussée d'une maison assez grande que les propriétaires louaient pour un prix raisonnable. Ma grande sœur Naïma en était l'enseignante. Nous apprenions à lire en arabe, à compter, mais aussi nous découvrions les sourates les plus courtes du Coran qu'il nous fallait essayer de retenir par cœur. Nous étions fiers de ce que nous apprenions, et il fallait nous entendre, certains débuts d'après-midi, réciter à voix haute et ferme les versets que nous avions enregistrés dans nos jeunes têtes ! Tout le quartier en profitait ! Probablement est-ce à cette époque que j'ai acquis le goût de l'audition et de la récitation du Coran, et l'amour de cette langue arabe pour moi comparable à nulle autre.

Quand j'ai atteint l'âge de six ans, profitant d'un retour de mon père, ma famille a organisé la cérémonie de ma circoncision. J'en parle comme d'une fête, et non pas comme d'un moment traumatisant. On avait dû bien m'y préparer, et je me souviens surtout avoir été le petit roi de la journée ! Mes souvenirs sont assez précis : toute ma parenté en habits des grandes occasions. Les vêtements blancs que l'on m'avait achetés et que nous étions allés essayer une semaine auparavant. Le bonnet vert avec son étoile dorée dont on m'avait couvert la tête. Le taxi loué d'avance dans lequel on m'avait emmené à une grande mosquée. Le cheikh que nous sommes allés visiter en cortège et qui a prononcé la Fatiha pour moi. Le retour à la maison. Le grand plat de terre, comme ceux dans lesquels on mange à plusieurs le couscous ou la *madhousa*, et qui avait été posé juste sous mes jambes. Le voile blanc. Le voisin chargé d'officier et qui ne me fit pas mal. Les vêtements de ma grand-mère maternelle qui m'avait pris sur son dos, et que j'ai colorés involontairement avec mon sang. Le défilé des charrettes et des chevaux. Les danses et les youyous des femmes. L'argent qu'on me donnait en déversant sur moi une multitude de bénédictions... De tous mes frères, j'ai été le seul à bénéficier d'une telle fête à l'occasion de ma circoncision, cette marque distinctive et extérieure de toutes les générations mâles issues d'Abraham – sur lui la paix et la bénédiction –, notre père dans la foi.

Lorsque, en 1978, nous avons rejoint notre père en région parisienne, j'ai continué d'aller, après les cours reçus à l'école publique, dans une école arabe que dirigeait à Trappes un immigré marocain plus cultivé que d'autres. Mon père tenait à ce que ses enfants poursuivent la connaissance de leur culture d'origine, et qu'ils reçoivent les bases de l'enseignement coranique. « Si tu ne sais pas où tu vas, sache au moins d'où tu viens ! » dit un proverbe. Mais le maître n'avait pas les qualités de ma sœur Naïma. Il faisait preuve d'une grande sévérité à l'égard des garçons, montrant plus de souplesse pour les filles, cependant bien moins nombreuses. Nous devions apprendre par cœur de longues sourates en arabe dont nous ne comprenions généralement pas la signification. Et si nous les récitions mal, ou que notre mémoire flanchait, nous avions droit à de douloureux coups de règle sur les doigts ! Parfois, nous nous aidions entre élèves lors des récitations collectives, le travail ou la mémoire des uns rachetant les faiblesses des autres. Mais l'enseignant était aux aguets. Gare à ceux qui cherchaient à masquer leur incurie ! J'aurais pu être dégoûté par ces leçons qui, souvent, nous terrorisaient. Dieu merci, mon cadre familial me permit de ne rien rejeter.

Car le Coran, pour moi, ce n'était pas ces moments difficiles. J'en retenais cette psalmodie douce qui s'échappait, le matin comme le soir, de la bouche de mon père, discrètement replié dans la cuisine pour ne déranger personne. Il partait très tôt au travail. Dès quatre heures du matin, il se levait, faisait ses ablutions et priait. Peu d'hommes, sans doute, reflètent mieux cette parole du Coran : « Les cœurs ne s'apaisent-ils pas au souvenir de Dieu ? » (13, 28). Pour lui, une journée ne pouvait commencer sans s'en remettre au Créateur. Sans doute priait-il pour nous. Nous savions, en tout cas, que notre maison était comme imprégnée de ses invocations et cela représentait pour chacun de nous une véritable bénédiction.

Le soir vers dix-huit heures, si nous regardions la télévision, notre mère nous faisait évacuer le salon : « Votre père va bientôt être là ! » Nous courions alors dans nos chambres, pour reprendre les devoirs et leçons que nous avions pu abandonner. Il ne prenait jamais les clés de la maison, sachant y retrouver toujours ma mère. A sa manière de frapper, nous savions tout de suite que c'était lui. A peine entré, il allait prendre dans sa chambre son vêtement de prière, s'engouffrait dans la salle de bains pour y faire ses ablutions, puis se retrouvait dans ce salon où il avait comme rendez-vous avec Dieu pendant que ma mère lui préparait un thé à la cuisine.

Mon père a toujours été et reste pour moi le plus bel exemple de croyant musulman que je connaisse. Il ne nous a jamais fait de grands discours. C'est sa vie, sa droiture, son enracinement dans la prière qui ont été pour nous le plus grand des enseignements. Comment douter de la miséricorde de Dieu quand on a devant soi, chaque jour, un homme qui est manifestement habité par celle-ci ? Comment ne pas croire dans les vertus de la prière, quand on sait que la bonté de son père surgit de l'adoration quotidienne ? Comment ne pas savoir que la fréquentation de Dieu rend heureux, quand on voit le bonheur danser dans les yeux de celui qui vous a transmis la vie ?

Mon père avait une vocation de lettré. Par sacrifice pour les siens, il a consenti à mener une existence d'ouvrier du bâtiment, et nous, ses enfants, nous ne savons pas comment lui témoigner notre reconnaissance. Les années passées sur les chantiers l'ont beaucoup abîmé, le laissant avec un dos très meurtri. « Ah ! si ma mort pouvait redonner à notre père l'âge qu'il avait à son départ du Maroc pour la France, je voudrais bien mourir à l'instant », s'est écriée un soir ma sœur Naïma, nous tirant tous des larmes.

Dieu, si proche à mon père, ne pouvait qu'être pour moi un Dieu familier. C'est en regardant mon père que je L'ai connu, et que je puis attester moi aussi : « Il a créé la mort et la vie pour vous éprouver et connaître ainsi celui d'entre vous qui agit le mieux. Il est tout-puissant. Il est Celui qui pardonne » (Coran 67, 2). Ou encore : « Oui, Nous avons créé l'homme. Nous savons ce que lui chuchote son âme. Nous sommes plus proche de lui que sa veine jugulaire » (50, 16).

Si je n'avais eu de foi transmise que celle des cours de l'école arabe de Trappes, probablement n'aurais-je retenu de Dieu qu'une crainte non pas révérencielle mais terrorisée. Mais le Dieu de mon père a la douceur du meilleur des miels ; Il a la chaleur des bras d'une mère ;

Il est celui dont le Coran assure : « Il les aimera et ils L'aimeront » (5, 54). Adolescent, le soir avant de m'endormir, déjà allongé dans mon lit, je pouvais ainsi dire à Dieu avec confiance : « Seigneur, souvenez-Vous de mon père. Envoyez-lui Vos anges pour qu'il dorme en paix, et pour que demain sa journée soit heureuse. »

Si grande est mon admiration pour mon père et pour ma mère que je n'ai pas de peine à communier totalement avec ces versets coraniques : « Ton Seigneur a décrété que vous n'adoreriez que Lui. Il a prescrit la bonté à l'égard de vos père et mère. Si l'un d'entre eux, ou bien si tous les deux ont atteint la vieillesse près de toi, ne leur dis pas : "Fi !" ; ne les repousse pas, mais adresse-leur des paroles respectueuses. Incline vers eux, avec bonté, l'aile de ta tendresse, et dis : "Mon Seigneur, sois miséricordieux envers eux comme ils l'ont été envers moi, lorsqu'ils m'ont élevé quand j'étais enfant." »

Mon père est un homme respecté par les musulmans de Trappes et d'autres communes des Yvelines. Trop humble et trop discret pour accepter la fonction d'imam dans la salle de prière laissée à la disposition des musulmans par l'office d'HLM, il n'en est pas moins régulièrement appelé, du fait de ses connaissances religieuses, pour assurer des enseignements au moment du mois de ramadan, ou bien pour diriger les *tolba* (temps de prière) à l'occasion de fêtes familiales ou de décès. Mais jamais il ne nous fait part, à nous ses enfants, des sollicitations dont il est l'objet et qui gonfleraient d'autres d'orgueil.

C'est en tentant de réussir au mieux nos vies que nous pouvons, aujourd'hui, lui marquer notre reconnaissance. Voici un an, je l'accompagnais dans une agence de voyages. « Bonjour, monsieur Benzine ! » me lança un jeune homme présent. C'était le fils du propriétaire de l'agence et un de mes élèves de l'année écoulée. Je n'ai pas vu le regard et le sourire de satisfaction de mon père, mais mon frère Abdy m'en a parlé. Son fils, devenu professeur comme il aurait tant aimé l'être lui-même ! Ainsi, toutes ces années sur les chantiers n'avaient pas été vaines.

Cette ambiance religieuse dans laquelle j'ai baigné et baigne encore, je ne l'ai, bien entendu, pas retrouvée sur les bancs de l'école publique. Même en terminale, dans les cours de philosophie, jamais je n'ai entendu poser la question pourtant éminemment philosophique de l'existence de Dieu. Je dois trop à cette école pour en faire une critique abrupte. Mais pourquoi laisser à la porte de nos établissements scolaires toute réflexion sur Celui qui, pour tant et tant de gens, représente l'essentiel ? Bien des fois, et cela continue de se produire, je suis pris de tristesse en découvrant l'ignorance de nombreux jeunes en matière de culture religieuse. Comment peuvent-ils s'intéresser à la littérature, la musique, la peinture des civilisations du monde s'ils n'ont pas accès aux inspirations spirituelles qui les ont permises ? L'école, de surcroît, ferait œuvre d'éducation à la tolérance si elle donnait à connaître un peu mieux cette recherche plurielle de l'humanité en quête de sacré. Modestement, prudemment, il m'arrive, dans mes fonctions actuelles d'enseignant, de faire allusion, non pas à ma propre foi musulmane, mais à ces trésors que constituent les grandes traditions religieuses. Et je suis témoin des interrogations d'un grand nombre de jeunes.

Parmi ceux que je rencontre, il y a, bien entendu, mes élèves ou mes étudiants, mais il y a aussi ces garçons du quartier où j'habite. Beaucoup, parmi eux, sont en souffrance, blessés par les duretés de la vie, déchirés intérieurement, en attente plus ou moins consciente d'une « parole qui guérit » – pour reprendre le titre d'un ouvrage du théologien chrétien allemand Eugen Drewermann. Comment penser à Dieu lorsqu'on a de plus en plus de mal à donner un sens à sa vie, et donner de la vie à son cœur ? Ceux qui sont issus de familles musulmanes ne sont pas plus solides que les autres, mais je les surprends quelquefois en train d'en appeler à Dieu, de solliciter son secours du fond de leur découragement. Ils m'ont appris une certaine humilité.

Je pense plus particulièrement à Nourredine, dans ses grands moments de déchirement, emporté par la drogue, invoquant Dieu, implorant son aide, lui demandant son pardon pour tout le mal qu'il pouvait faire à ses proches et surtout à sa famille. Il ne parvenait pas à décrocher, mais il conservait néanmoins un bout d'espoir en criant sa plainte vers Dieu. Où avait-il entendu dire que Dieu est miséricordieux ? Sans avoir fait d'études de théologie, il le savait, et son témoignage, certainement, avait du prix aux yeux de Dieu.

L'éducation que l'on reçoit et surtout les témoignages de foi qui nous sont offerts sont déterminants dans la découverte que l'on fait de Dieu. Le tranquille bonheur de mon père m'a permis de connaître Dieu dans sa dimension très apaisante. Ma confiance en Lui est totale. Je Le sais présent à chaque moment de mon existence, m'assurant de Sa bienveillance.

Le Coran pour moi est une nourriture précieuse. Chaque fois que je l'ouvre, chaque fois que j'en écoute la psalmodie, mon cœur est réellement saisi de ravissement. Il m'apparaît alors que le monde dans lequel nous vivons est comme un grand livre ouvert dont nous ne savons, le plus souvent, qu'épeler les mots, décortiquer les phrases ou analyser les structures grammaticales, sans comprendre que Quelqu'un cherche à nous parler et à entrer en communication avec nous. Si je pose le Coran sur ce « livre » du monde, alors pour moi tout trouve un sens : « Ne vois-tu pas que ce qui se trouve dans les cieux et sur la terre ? Les oiseaux qui étendent leurs ailes célèbrent les louanges de Dieu. Il connaît parfaitement ce qu'ils font. La royauté des cieux et de la terre appartient à Dieu. Vers Dieu la destination de tout. N'as-tu pas vu Dieu rassembler un nuage, puis l'agglomérer, puis le concentrer ? Tu vois alors sortir une bruine de ses béances, et Dieu fait descendre du ciel, comme s'il y avait des montagnes là-haut, des chutes de grêle. Il en frappe qui Il veut et en préserve qui Il veut. La lueur de Son éclair manque emporter la vue. Dieu fait alterner la nuit et le jour. Grande leçon pour ceux qui sont doués de clairvoyance ! » (Coran 24, 41-44).

Cet amour du Coran, je le constate chez mon père, mais également chez de nombreux croyants qu'il m'a été permis de rencontrer. Ainsi ai-je en mémoire cet aveugle, lors d'un mariage au Maroc. C'était il y a cinq ou six ans. Il avait longuement psalmodié le Coran et chanté des louanges au Prophète (sur lui la paix et la bénédiction) à l'étage des hommes, et les femmes, en bas, le réclamaient. Mon père me demanda de lui prêter mes yeux et mon bras pour le conduire près de celles-ci. Je le tenais donc fermement quand il commença par clamer : « *Bismillâh al-Rahmân al-Rahim !* Au nom de Dieu, le Clément, le Miséricordieux ! » Ses yeux clos semblaient ouverts sur un invisible qui éclairait tout son visage. Chaque cœur était touché au plus profond par cette voix qui faisait surgir le sacré. Aussitôt les femmes se mirent à fondre en larmes. Comme si Dieu avait parlé par la bouche de l'aveugle ! Je ne résistai pas davantage, et m'accrochant à l'homme qui, maintenant me soutenait, je pleurai aussi chaudement de grosses larmes !

Chacun de nous, j'en suis certain, est naturellement un aspirant à la connaissance de Dieu, même s'il l'ignore. Au fin fond de nous se niche la nostalgie du retour à notre Créateur. « Comment, s'exclamait le mystique persan du XIIIe siècle Djalâl ud-Dîn Rûmi, l'âme ne pourrait-elle pas prendre son essor, quand de la glorieuse Présence, un appel affectueux, doux comme le miel, parvient jusqu'à elle et lui dit : "Eveille-toi !" ? »

À la rencontre des chrétiens

Mon aventure avec les chrétiens a commencé quand j'avais quatorze ans. Elle a eu lieu grâce à Jean-Michel Degorce, un prêtre du diocèse de Versailles que certains parmi mes camarades n'hésitaient pas à appeler de son nom de cibiste : « Bunny » ! D'autres l'apostrophaient par un joyeux : « Salut mon père ! » Sans soutane, sans nous imposer des paroles pieuses ou moralisatrices, il est entré dans ma vie pour ne plus en sortir.

Je me souviens bien de la première fois que je l'ai rencontré. C'était un après-midi, sur la place des fêtes de Trappes, un jour où nous participions à une animation. Il nous manquait une roue de kermesse. Nous étions désolés, mais Mustapha s'écria : « Attendez ! je crois que j'ai une idée. » Il se dirigea vers un homme que nous ne connaissions pas, puis nous fit signe de le rejoindre : « Je vous présente Bunny ! » Quelques minutes plus tard, nous étions dans les locaux de la paroisse catholique, nous y trouvâmes la roue qui nous manquait. « Bunny » nous offrit même des lots pour la fête, puis il resta avec nous une grande partie de l'après-midi. Au moment où

il se retirait, je l'ai interpellé : « Et votre roue, monsieur ?
– Gardez-la, je repasserai la prendre demain ! »

Jean-Michel ne nous a jamais fait, à nous jeunes musulmans, de discours sur sa foi chrétienne. Il n'a pas cherché à nous convertir au christianisme. Mais il nous a offert ce que beaucoup nous refusaient : sa confiance, sa présence d'adulte, son amitié. Comment ne pas apprécier un tel personnage qui sait trouver les mots, et plus encore les gestes, qui font que chacun, quelles que soient ses croyances, se sent respecté et aimé ? Mes parents ont pour lui beaucoup de considération. Dès qu'il franchit le seuil de la maison, quelqu'un s'écrie : « Faites du thé pour Jean-Michel ! »... « As-tu pensé à donner ceci à Jean-Michel ? »... Quand il est là, il concentre toute l'attention sur lui.

Cet homme a l'art de communiquer. Il s'émerveille, même devant les plus petits événements. Quand il s'adresse à ma mère, qui ne parle pas le français, il fait de grands gestes avec ses bras, les mains ouvertes pour accueillir. Et le miracle se produit : ils se comprennent grâce à ce langage du cœur !

Entre lui et mon père, un respect profond s'est instauré. Ils se reconnaissent dans un même sens du dévouement aux autres, et une même persévérance dans ce qu'ils entreprennent. Durant plusieurs années, mon père a dispensé des cours d'arabe aux enfants du quartier, à la demande de familles voisines. Jean-Michel a soutenu cette initiative, convaincu que les enfants réussissent davantage à l'école lorsqu'ils possèdent bien leur culture d'origine. Malheureusement, certains parmi les jeunes du quartier ne l'entendaient pas toujours de cette oreille. Plusieurs fois, dans le local qui nous était laissé, ils ont déchiré les livres des enfants. « Dis-moi un peu : que faut-il faire pour que ces grands dadais arrêtent de saccager le matériel ? C'est la septième fois cette année ! » me demandait-il.

Grâce à cette confiance entre mon père et le prêtre, j'ai pu bénéficier d'un droit particulier au sein de ma famille : celui de pouvoir rentrer un peu plus tard que les autres. Dès lors que mes études n'en souffraient pas, il m'était permis de consacrer beaucoup de temps à la vie associative du quartier.

Le Jésus des Evangiles que j'ai pu découvrir un peu plus tard a laissé sa marque, bien entendu, en Jean-Michel. Je sais maintenant que toute la vie de ce dernier est attachée à Jésus, et que sa capacité extraordinaire d'écoute comme son amour du prochain trouvent leur origine dans cet enracinement.

Il est passionnant d'observer Jean-Michel dans les réunions. Il reste d'abord en retrait, écoute même ce que les gens ne disent pas de manière explicite. Et puis il interroge. Oblige chacun à réfléchir, à être plus précis dans ce qu'il pense et exprime : « Comment tu dirais ? Qu'est-ce que tu as comme idée dans la tête ? Comment pourrait-on faire ? » Vrai pédagogue, il sait appeler toute personne à être acteur de sa vie et à se sentir responsable des autres, avec eux.

C'est de cet accompagnement-là dont j'ai bénéficié au cours des années qui m'ont conduit à l'âge d'homme. Sa gentillesse en a aidé plus d'un, parmi les adolescents du quartier, à trouver sa place dans l'existence. Il avait vingt-cinq ou trente ans de plus que nous, et il nous apparaissait comme un puits de science, sachant nous expliquer avec les mots les plus simples les mouvements des nuages, la formation des plantes ou la théorie du big-bang. Si nous l'interrogions au sortir de nos cours, il pouvait nous parler inlassablement de Camus, de Sartre ou de Spinoza, mais aussi nous apprendre comment survivre dans une forêt !

Quand nous étions confrontés à des problèmes, nous n'hésitions pas à aller le déranger dans son presbytère, dont les portes nous restaient ouvertes même en son absence. Les autres prêtres ne nous recevaient pas aussi bien que lui ; ils avaient l'air gênés de nous voir ; mais cela ne nous contrariait pas. Jean-Michel, lui, nous accueillait toujours avec le sourire, nous demandait si nous voulions boire quelque chose. Nous lui exposions nos soucis. Il avait toujours la solution, mais il faisait en sorte que nous la découvrions nous-mêmes. Il se mettait à réfléchir avec nous : « Voyons. Imaginez un grand champ. Dans ce champ, il y a un certain nombre d'éléments. Votre réponse s'y trouve. C'est simple : débrouillez-vous ! Les réponses sont en vous. Cherchez-les et vous les trouverez ! Moi, je vous soutiens ! »

Lorsque nous prenions les problèmes dans le mauvais sens, il nous laissait néanmoins faire. Même si au fond de lui-même il était persuadé que nous avions peu de chances de réussir, il préférait laisser s'exercer notre liberté. Pour lui, l'important était que nous allions jusqu'au bout de nos intuitions et de nos projets. Jamais il n'aurait dit de l'un de nous : « Tu es un bon à rien ! » ou « C'est stupide, ça ! » Chaque être, chaque jeune, pour lui, est plein de promesses et a surtout besoin qu'on lui dise qu'il a de la valeur.

C'est vraiment de Jean-Michel que j'ai appris que, pour aider, il ne faut pas faire les choses à la place de l'autre. Personne n'a de solutions toutes faites pour autrui. Les réponses à nos problèmes, nous seuls pouvons vraiment les découvrir et les mettre en œuvre. Mais nous pouvons avoir besoin de soutien pour avancer et reprendre confiance en nous.

En 1991, sur la nationale 10, juste à côté du quartier, deux de mes amis ont eu un grave accident de voiture. Paulo y a perdu la vie, et Farid, qui aimait à me faire passer pour son frère, a plongé dans le coma ; il est resté un an avant de retrouver un peu d'existence. Ce drame a bouleversé tout le quartier. Sans doute est-ce la première fois que je me suis senti aussi impuissant. Jamais encore je n'avais fait l'expérience de la mort d'un proche. Mourir à vingt ans, quand on ne fait qu'entrer dans la vie !

Avec un groupe d'amis, nous avons essayé de manifester le mieux possible notre affection aux parents dans la douleur, en étant très présents. Pour les funérailles de Paulo, nous avons organisé une collecte à laquelle toutes les familles du quartier ont participé. Quant à Farid, nous nous sommes tous encouragés à prier pour son rétablissement.

Le jour des funérailles, la petite église de Trappes était pleine à craquer. Nous étions tous là, les copains du quartier, et toutes les générations étaient assises coude à coude. Musulmans, chrétiens, juifs et agnostiques étaient tous mêlés. Nous ne formions plus qu'un seul peuple, uni dans une même douleur. Ceux qui croyaient au ciel ont fait monter une prière unanime. A la demande des parents de Paulo, nous étions quelques-uns à avoir préparé un témoignage. J'avais été désigné pour le lire. Mais j'ai eu bien du mal, mes larmes et celles de l'assemblée étouffant ma voix. A l'issue de la cérémonie chrétienne, les musulmans présents ont récité la Fatiha. Moment d'intense émotion qui nous projetait dans la réalité ultime. Dans la communion de cet instant, il n'existait plus ni chrétien, ni musulman, ni juif, ni athée, mais une seule humanité.

Les souvenirs marquants comme celui-ci sont nombreux, mais je ne peux les raconter tous. Je dois parler de Frédéric, qui achevait sa formation pour être ordonné prêtre. Il avait été envoyé à la paroisse de Trappes, et Jean-Michel eut l'idée de nous le confier, pour que nous apportions notre pierre à sa formation. Le quartier comme séminaire ! Les gens de notre ville ont beau s'appeler les Trappistes...

Frédéric venait d'un milieu social différent du nôtre. Il avait beaucoup à apprendre de la vie. Nous l'avons adopté et, d'une certaine manière, conduit jusqu'à son ordination comme prêtre. Avec nous, il a fait l'expérience d'une diversité humaine qu'il ne soupçonnait probablement pas. Il a dû commencer par regarder et par écouter, puis il lui a fallu accepter qu'il n'avait pas toujours raison, même s'il avait fait plus d'études. Et nous nous disons parfois que, s'il est devenu un prêtre apprécié des fidèles, c'est certainement grâce à nous.

Je le revois, lors d'un cours d'improvisation théâtrale qui se tenait au local. Il avait tiré au sort ce thème : « Vous êtes un arbre. » Trente secondes seulement étaient permises pour réfléchir à une idée et la mettre à exécution. Il s'était campé bien droit sur ses jambes, les bras en croix et la tête baissée. Il s'imaginait dans l'écorce d'un chêne centenaire qui s'adressait à un petit sapin qui ne voulait pas grandir tant le monde de la forêt lui semblait cruel. « Pousse, mon petit sapin, pousse ! Tu as beaucoup à apporter au monde. Pousse, mon petit sapin, pousse ! Nous avons tous besoin de ta tendresse. Oublie tes cauchemars et fais confiance à tes rêves : en eux se tient la clé de l'éternité. Pousse, mon petit sapin, pousse ! »

D'habitude, durant ces séances d'improvisation, nous nous moquions gentiment les uns des autres. Mais ce jour-là, nous avons tous été saisis au plus profond de nous-mêmes par ce qui se jouait. Nous regardions et écoutions sans broncher, captivés et retenant notre souffle. Frédéric n'était plus Frédéric, mais un grand arbre au tronc et aux branches bien solides. Et chacun de nous se reconnaissait dans ce petit sapin effarouché à l'idée de devoir grandir. « Pousse, mon petit sapin, pousse ! »

Après sept ans de ministère à Trappes, Jean-Michel a été nommé dans une autre ville. Nous avions peur qu'il soit affecté trop loin, et nous étions résolus, si besoin, à aller trouver l'évêque de Versailles ! Heureusement, on lui a confié la paroisse de Guyancourt, une localité voisine.

Pour le remercier, les paroissiens et ses amis de Trappes ont organisé une fête. Il fallut tout mettre sur pied en quelques jours. Mais que n'aurions-nous pas fait pour « notre curé » ? Certains ont même séché quelques cours. Nous avons préparé quelques saynètes évoquant Jean-Michel au milieu de nous. J'interprétais le rôle de notre ami. Revêtu d'une aube, j'offrais un spectacle qui n'était pas triste !

La salle où les festivités avaient lieu était comble. Tous les âges, tous les milieux, toutes les nationalités, toutes les religions semblaient représentés. Il y avait même

Bernardo, ce jeune Portugais devenu adepte du bouddhisme. Pour moi, tous les Portugais étaient catholiques, et le jour où j'avais découvert que Bernardo avait chez lui un autel domestique avec une statue de Bouddha devant laquelle il faisait ses rituels, cela avait été un choc. Mais Jean-Michel m'avait dit calmement : « S'il est heureux et que cela le rend meilleur pour lui-même et pour les autres, pourquoi pas ? » J'ai alors commencé à comprendre que la valeur d'une religion, c'est ce qu'elle fait de vous. Vous ouvre-t-elle les portes du bonheur ? Vous rend-elle plus réceptif à ceux qui souffrent ? J'ai mieux perçu, aussi, la joie profonde de mon père s'accomplissant dans sa prière.

Jean-Michel n'est pas un prêtre solitaire. Envoyé au service de telle ou telle communauté, il sait mettre les gens à l'œuvre. Autour de lui, il a le don de réunir des personnes qui, logiquement, ont peu de chances de se rencontrer et d'agir ensemble. Tous les témoignages qui furent livrés en ce jour d'au revoir l'ont souligné. Quand nous avons joué notre saynète, la salle s'est mise debout et a applaudi à tout rompre. Beaucoup pleuraient, et Jean-Michel avait les larmes aux yeux quand il est venu nous embrasser.

Il me faudrait parler de tous ces chrétiens connus autour de Jean-Michel : les Francis, les Margaret, les Yvette, les Annie, les François... Un nombre impressionnant d'hommes et de femmes engagés, au nom de leur foi, dans des mouvements de jeunes, des organisations caritatives... Des gens davantage impliqués dans des actions de solidarité que dans l'exercice du culte. Mais agir par amour, n'est-ce pas rendre le plus beau des cultes à Dieu ?

C'est grâce à Marie (pouvait-elle s'appeler autrement ?) que j'ai découvert un des livres qui m'ont le plus marqué : *Le Prophète*, du poète libanais Khalil Gibran. Un jour, elle me l'a prêté, et les mots que j'y ai lus se sont inscrits sans effort en moi. Je peux toujours les réciter par cœur : « Vos enfants ne sont pas vos enfants. Ils viennent à travers vous mais non de vous. Vous pouvez essayer d'être comme eux, mais n'essayez point de les faire à votre image ! Car ils habitent la maison de l'au-delà que vous ne pouvez même pas habiter dans vos rêves. » C'était complètement ce que je pensais. Depuis, ce livre m'habite. J'aimerais savoir, un jour, en écrire un de cette qualité. Un livre qu'on porte en soi longtemps mais qui, lorsqu'on en accouche, est de l'ordre de la perfection, chaque mot se trouvant à sa juste place. Dieu, l'amitié, le mariage, les enfants, tout ce qui compte dans la vie d'un homme s'y trouve : « Si vous cherchez Dieu, ne cherchez pas à résoudre des énigmes. Regardez autour de vous, et vous Le verrez jouer avec vos enfants. » Ou encore : « Vous ne donnez que peu lorsque vous donnez de vos biens. C'est lorsque vous donnez de vous-mêmes que vous donnez réellement ! »

Je n'ai pas su tout de suite que Khalil Gibran était chrétien. Son nom ne le laissait pas supposer. Mais cet homme, tout empreint de la terre du Liban où le christianisme arabe et l'islam sont si imbriqués, a su, dans sa poésie, dépasser les frontières des dogmes pour enrichir le patrimoine spirituel de l'humanité. Mon rêve est de pouvoir, un jour, monter sur scène *Le Prophète*. Pourquoi pas ?

Un autre auteur chrétien, découvert plus récemment, a pris aussi une grande place dans ma vie : le théologien et thérapeute allemand Eugen Drewermann. Peu m'importent les démêlés qu'il a pu avoir avec la hiérarchie de son Eglise : cela n'est pas mon affaire. Mais tous les livres que j'ai lus et que je continue de lire de lui constituent pour moi un merveilleux enrichissement. J'ai appris son existence à la faveur de vacances que je passais dans le sud de la France. Lors d'une foire, un livre était exposé sur un stand de libraire : *Le Cas Drewermann*. Après quelques hésitations, j'ai fini par l'acheter. Et je l'ai lu dans la soirée et un bout de la nuit. Passionné. A tel point que, le lendemain, je me procurais dans une grande librairie tous les ouvrages de l'auteur qui étaient disponibles !

Qu'il s'agisse de ses commentaires d'Evangile, ou bien de sa relecture de contes, Drewermann délivre une parole libératrice. La foi dont il se fait le chantre n'est pas une foi qui accable, enferme, limite, mais une foi qui donne confiance, qui fait agir en liberté. Récemment, j'ai offert à une amie très éprouvée par la mort de son père le commentaire que Drewermann a fait du *Petit Prince* d'Antoine de Saint-Exupéry. Je savais qu'elle avait abandonné toute foi en Dieu. Quelques jours plus tard, elle m'appelait au téléphone : « Rachid ! J'ai lu Drewermann. Voici des années que j'ai le sentiment que Quelqu'un cherche à me parler, et je m'y refuse. Mais c'est étrange, je suis sûre que mon père continue de m'aimer. J'ai envie de croire de nouveau en Dieu ! J'ai envie de redécouvrir l'Evangile autrement ! »

Est-ce parce que les hommes des marges sont souvent aux frontières de différents mondes ? Toujours est-il que, comme beaucoup de jeunes musulmans de France, j'éprouve une grande sympathie pour l'évêque indiscipliné Jacques Gaillot. J'aime ces gens d'Eglise qui donnent la priorité aux plus souffrants, aux plus pauvres et qui, de la sorte, me paraissent être les plus fidèles aux exigences de l'Evangile. Quand, durant l'été 1996, toutes les télévisions d'Europe se sont tournées vers cette église Saint-Bernard de Paris où s'étaient mis en grève de la faim plusieurs Africains musulmans sans papier, j'aurais voulu voir, à leurs côtés, jeûnant eux aussi, des dignitaires musulmans. Pourquoi l'abbé Pierre n'aurait-il pas son frère jumeau en un cheikh Moustapha ou un cheikh Abdelhamid ?

J'ai eu l'occasion de rencontrer Jacques Gaillot. « Merci, Rachid, pour ce que vous avez dit et pour ce que vous faites », me dit-il à l'issue d'une émission de télévision à laquelle lui et moi avions participé. C'est à cette occasion qu'est née l'idée d'organiser, à Trappes, des rencontres publiques réunissant des chrétiens et des musulmans. En juin 1995 se sont ainsi assis à la même table, devant une salle comble, Jacques Gaillot, Abd al-Haqq Guiderdoni (présentateur de l'émission *Connaître l'islam* sur France 2) et Soheib Bencheikh, devenu depuis mufti de Marseille. Le thème retenu : « Etre croyant, une chance pour les banlieues ! »

L'année suivante, c'est sœur Emmanuelle, l'ancienne marraine des chiffonniers du Caire, que nous avons invitée, en compagnie de cheikh Khaled Bentounes, chef de la confrérie soufie algérienne Allaouia. Leur sujet : « Agir pour un monde plus juste. Le pauvre, chemin vers Dieu. »

Dans les deux cas, les rencontres se sont déroulées selon le même schéma : un temps d'intervention de la part de nos invités, puis un long échange avec la salle, à partir des questions posées sur de petits bouts de papier. Enfin, un bon moment donné à la convivialité et à l'échange informel autour de quelques boissons et quelques biscuits. Parmi les personnes venues à ces rendez-vous, plusieurs n'avaient jamais mis les pieds dans une ville dite de banlieue. Une bonne opportunité, pour elles, de découvrir que la banlieue n'est pas forcément ce qu'on en dit le plus couramment...

Jacques Gaillot, l'abbé Pierre, sœur Emmanuelle, après Jean-Michel et les chrétiens de son entourage, représentent à mes yeux une Eglise dont l'existence me réjouit. Mais aujourd'hui, il m'arrive de prendre un peu peur devant de nouveaux modèles d'Eglise qui semblent s'imposer : ces jeunes prêtres qui se caparaçonnent dans des vêtements noirs, ces discours où la rigidité doctrinale incite à l'intolérance et à la fermeture aux richesses des autres... Quel sera le visage du christianisme du troisième millénaire ? Restera-t-il un recours pour les plus souffrants ? Sera-t-il pour l'islam un partenaire au service d'une humanité toujours en quête de justice comme de sens ?

Deuxième partie

PAR CHRISTIAN DELORME

Fasciné par Martin Luther King

Les parents croient toujours faire preuve d'originalité quand ils choisissent le prénom de leur enfant nouveau-né. Mais le plus souvent, ils retiennent les noms qui sont le mieux en consonance avec l'air du temps. Ainsi, 1950, l'année de ma naissance à Lyon, a-t-elle été celle où les prénoms de Christian et de Françoise ont été parmi les plus attribués. Justement ceux que ma mère, restée célibataire, a choisis respectivement pour moi-même et pour ma sœur jumelle. Mais je n'ai jamais cessé de me féliciter de ce nom-là. « Comme tu en as de la chance, de porter ce prénom de disciple du Christ ! » me disait presque à chaque fois que je le rencontrais le père Ancel, ancien évêque auxiliaire de Lyon, qui avait hérité du prénom d'Alfred.

Aujourd'hui plus qu'hier, les familles, dans nos sociétés occidentales au moins, revêtent des visages très divers. Les femmes seules avec enfants et les familles « recomposées » sont devenues des réalités courantes. Ce n'était pas du tout le cas lorsque j'étais enfant, et c'est ainsi qu'à l'école j'ai fait très vite l'expérience de la différence. Contrairement à la plupart de mes camarades de classe, je n'avais pas, moi, de père dont je pouvais parler, voire me vanter.

Est-ce la raison pour laquelle j'ai été si malheureux à l'école, des premières années commencées dans une institution religieuse et poursuivies dans un lycée public bourgeois, jusqu'aux années conduisant au baccalauréat péniblement vécues dans le cadre d'une école privée destinée aux mauvais élèves ? Sans doute parce que j'ai trop souffert dans ce monde qui ne sut pas, à quelques exceptions près, m'accueillir avec mes fragilités, j'ai presque tout oublié de ces treize ou quatorze années de scolarité, toutes vécues à Lyon. Je n'en veux pas aux enseignants qui n'ont pas réussi à discerner les capacités qui étaient les miennes. Mais combien d'autres enfants n'ont pas eu (et n'ont pas) la chance dont j'ai bénéficié grâce à une mère qui s'est saignée aux quatre veines pour que ses enfants puissent s'épanouir ? Je crois n'avoir jamais reçu de sa part un méchant reproche au sujet de mes médiocres performances scolaires. Elle se contentait de faire appel au meilleur dont elle me savait capable, et elle n'a cessé de m'offrir la confiance et la tendresse dont j'avais besoin pour grandir.

Car si l'école, publique ou privée, n'a pas su m'aimer, mon entourage familial, lui, m'a donné l'essentiel de l'affection que je réclamais. Avec le recul des années, je mesure combien l'absence d'un père a profondément marqué ma psychologie, ma sensibilité, et je suis conscient d'avoir subi un manque, une mutilation, une blessure. Mais, en même temps, il a fallu combler ce manque, et j'ai reçu plus d'amour de la part des miens que la plupart de mes camarades d'école. Ma mère, en effet, ne resta pas seule : sa sœur cadette, Paule, et leur mère, Berthe, vinrent lui prêter main-forte pour nous éduquer, ma sœur et moi. Ainsi nous avons vécu presque un quart de siècle ensemble, dans une très grande unité.

Paule était professeur de musique dans un collège catholique réputé. Ma mère, elle, exerçait la profession de comptable, d'abord dans une imprimerie, puis dans une entreprise de soierie. Quant à leur mère, elle fut, elle aussi, longtemps comptable... J'ai le souvenir de premières années d'existence marquées par de réelles difficultés financières. Mais les Trente Glorieuses qui ouvrirent les chemins de la consommation radieuse aux classes moyennes nous ont profité comme à des millions d'autres. Même mauvais élève, je n'ai jamais pensé que je pourrais me retrouver, un jour, chômeur, cette terrible angoisse des jeunes générations.

Il y a des choses toutes bêtes pour lesquelles un père est pourtant indispensable à un garçon, surtout si celui-ci n'a pas de frère : apprendre à jouer au football, à monter à vélo, à nager... Afin que je bénéficie de l'environnement viril dont j'avais besoin pour me développer de manière satisfaisante, ma mère a eu la grande sagesse de m'inscrire chez les Scouts de France. A partir de l'âge de huit ans jusqu'à ce que j'atteigne mon vingt-cinq ou vingt-sixième anniversaire, j'ai traversé toutes les branches de ce mouvement, et j'ai pu y exercer des responsabilités qui m'ont donné le sens de l'initiative et de l'entreprise. Je ne suis pas d'un naturel sportif, aussi ma vie n'a-t-elle pas toujours été drôle chez les scouts, mais les cheftaines, les chefs et les compagnons que j'y ai trouvés ont tous su m'aimer, et je leur dois beaucoup.

C'est ailleurs, pourtant, que j'ai trouvé le champ de mon épanouissement. Sans doute le lycée était-il pour moi un espace trop restreint, trop clos, et je le désertais, au moins par l'esprit, pour porter mon regard aux quatre coins du monde. Une collection de timbres, d'abord, me permit de parcourir les cinq continents en imagination. Puis je me passionnai pour l'actualité mondiale. Les bruits de guerre se faisaient entendre jusque chez moi. Vivant dans le quartier encore populaire de la Guillotière à Lyon, quartier traditionnel d'immigration, nous étions témoins des retombées de la guerre d'Algérie en métropole. Aux manifestations pro ou anti-indépendantistes, succédaient les interventions musclées des forces de l'ordre. Le spectacle trop fréquent de jeunes Algériens malmenés par celles-ci uniquement pour délit de faciès m'a marqué pour toujours, et les scènes de violence auxquelles j'assistai alors que je n'avais pas douze ans ont peut-être décidé de la suite de ma vie.

J'écoutais assidûment la radio, parce que la télévision n'arriva que tardivement chez nous. J'achetais des magazines d'actualité. Je lisais également des livres évoquant aussi bien l'histoire épouvantable de la traite des Noirs que l'invasion du Tibet par les armées de Mao, ou encore la persécution des croyants en Union soviétique. Je commençais aussi à découvrir Gandhi, sa pensée et plus encore son action, ainsi que les ouvrages de son disciple chrétien Lanza del Vasto qui deviendra plus tard pour moi une sorte de maître. Mais surtout, j'en vins à vibrer pour deux grands événements qui ont marqué le monde des années 60 : le concile Vatican II, rassemblement de tous les évêques catholiques de la planète, et la lutte pour les droits civiques, menée selon des méthodes et un esprit non violents par les Noirs américains que guidait Martin Luther King.

Le concile Vatican II a constitué un bouleversement considérable, dont on peut craindre aujourd'hui que le souffle révolutionnaire s'épuise. Avec lui, sous la conduite de deux papes exceptionnels, Jean XXIII et Paul VI, les centaines d'évêques que l'on croyait pouvoir appeler les princes de l'Eglise ont bien voulu se reconnaître ensemble humbles disciples du pauvre Jésus-Christ, serviteurs et non pas dirigeants autoritaires du peuple de Dieu. Réalisant qu'elle n'existe pas pour elle-même, mais pour le service de tous les hommes, et pas seulement des catholiques, l'Eglise de culture et de discipline romaines abandonnait enfin son mépris accusateur contre les autres confessions chrétiennes et les autres grandes traditions religieuses de l'humanité. A tous, elle adressait la salutation des anges à la naissance de Jésus que nous rapporte l'Evangile selon Luc : « Paix aux hommes que Dieu aime ! »

Au même moment, en plein cœur de ce qui était présenté comme le monde libre et comme le pays de la démocratie par excellence, des foules noires criaient pacifiquement leur exigence de dignité et réclamaient la fin des ségrégations issues de l'esclavage. Au rythme des negro spirituals, tel Moïse arrachant son peuple à la servitude de Pharaon, un pasteur noir baptiste d'une trentaine d'années proclamait que Dieu est rédempteur non seulement pour l'au-delà, mais qu'Il est aussi le libérateur d'aujourd'hui. Ma vocation, dès lors, était toute tracée : je ne pouvais que devenir prêtre catholique... à la manière de Martin Luther King !

Mes lectures, ma curiosité intellectuelle hors des sentiers battus, mon entourage familial et amical m'ont permis de dépasser le handicap d'une mauvaise scolarité.

A l'Institut d'études sociales de l'université catholique de Lyon puis à la faculté de théologie, je trouvai enfin des maîtres qui crurent dans mes capacités et les stimulèrent. Surtout, le père Alfred Ancel discerna en moi une authentique vocation sacerdotale, et grâce à lui j'entrai au Prado, association spirituelle de prêtres fondée au XIXe siècle à Lyon par le père Antoine Chevrier pour former « des prêtres pauvres pour les pauvres ». Ma formation s'effectua dans une communauté internationale de séminaristes installée dans le quartier populaire de Gerland.

Le 23 avril 1978, le cardinal Alexandre Renard, archevêque de Lyon et primat des Gaules, m'ordonnait prêtre en la nouvelle église de la ville de Saint-Fons. J'allais avoir vingt-huit ans et j'étais nommé dans cette paroisse de banlieue. Mais l'archevêque me reconnaissait également un ministère spécial de relation fraternelle avec les jeunes issus des immigrations musulmanes.

En effet, tout au long des années 70, nourri avec un temps de retard par le souffle rafraîchissant de Mai 1968, je m'étais trouvé très impliqué dans divers mouvements de solidarité avec des minorités en lutte pour la reconnaissance de leur dignité : objecteurs de conscience, prostituées, détenus, immigrés sans papiers... Certains de ces engagements avaient été vécus en liaison avec des organisations d'Eglise, et ils avaient contribué à authentifier ma vocation.

Le cardinal Renard était loin de représenter un esprit progressiste. Mais c'était un homme très bon, et il avait fait le choix de la confiance accordée à ses prêtres. C'est ainsi qu'il accepta, même si cela le contrariait beaucoup, que je m'engage, en avril 1981, en compagnie du pasteur

Jean Costil, dans une grève de la faim de vingt-neuf jours pour l'arrêt des expulsions hors de France de jeunes étrangers ayant grandi dans ce pays et condamnés pour divers délits.

Son successeur, le cardinal Albert Decourtray, avec lequel j'avais de nombreuses affinités, m'accorda lui aussi un soutien sans faille quand, au début des années 80, d'abord comme prêtre en banlieue, ensuite comme permanent de l'association œcuménique de défense des étrangers la Cimade, je m'investis beaucoup dans le soutien aux jeunes des Minguettes. Abandonnés ou laissés en marge par une société qui se gargarise d'idéaux républicains dont beaucoup trop sont laissés de côté, certains, parmi eux, cherchaient à s'organiser pour faire entendre leur voix. Ils étaient venus me trouver, et j'avais accepté avec enthousiasme de les accompagner, ce qui m'a valu ce surnom que je conserverai peut-être toujours de « curé des Minguettes ».

Ce n'est pas ici le lieu de retracer vingt ans d'engagements sur les terrains de l'immigration et des banlieues populaires, les grèves de la faim ou les marches pour l'égalité. Je ne méconnais pas, cependant, que ces mouvements ont pu jouer un rôle important dans la vie des étrangers en France, particulièrement la marche de 1983 qui a obtenu du gouvernement français l'instauration du titre unique de résidence valable dix ans. Chaque fois, au vrai, que je me suis impliqué, c'est parce que des liens humains s'étaient tissés, des affections étaient nées qui me rendaient d'autant plus insupportables des situations d'injustice.

Ces dernières années, mes pas ont croisé ceux de jeunes musulmans désirant approfondir leur foi et tentant de se structurer pour cela. Parce qu'ils sont trop vite accusés d'islamisme, d'intégrisme, je me retrouve souvent en position de défendre leur droit à vivre librement leur foi, droit que leur reconnaît en théorie mais guère en pratique la République. Je sais, qui plus est, que ce que nous partageons contribue à une meilleure compréhension, chez eux, du christianisme, et que c'est la paix religieuse que nous construisons ensemble. Une paix que j'espère avoir aussi aidé à protéger quand, à l'automne 1995, a éclaté ce qu'on a appelé l'affaire Khaled Kelkal. Comment et pourquoi ce jeune homme de la banlieue lyonnaise a-t-il pu être entraîné dans une sanglante aventure terroriste, alors qu'il n'avait pas le profil d'un criminel ? J'ignore si nous le saurons vraiment un jour. Sa mort, presque en direct sur les écrans de télévision, a, quoi qu'il en soit, choqué des millions de gens. Et je ne regrette pas de m'être battu pour qu'il ait droit à des funérailles dignes d'un être humain. Ce faisant, je n'ai pas oublié les victimes des attentats, mais j'espère avoir signifié que l'humanité devait toujours l'emporter sur la barbarie.

Apprentissage de Dieu

Il a bien fallu qu'on m'apprenne. Le soir, avant que nous nous endormions, ma mère ou ma tante Paule nous faisait mettre, ma sœur Françoise et moi, à genoux sur le lit. Peut-être avions-nous trois ou quatre ans. Leur main prenait la nôtre et nous guidait pour que nous fassions le signe de la croix : « Au nom du Père, du Fils et du Saint-Esprit, amen. » « Il faut dire merci à Dieu », nous susurraient-elles. Dire merci pour les bons moments de la journée. Pour la famille que nous avions. Pour ceux qui nous avaient rencontrés et qui nous avaient souri.

Parfois aussi nous demandions : « Petit Jésus, viens en aide à la maman d'Untel qui est malade. » ; « Donne à manger à ceux qui ont faim, des parents qui les aiment à ceux qui sont orphelins... » Nous sollicitions également d'avoir une bonne nuit pour nous réveiller le lendemain en pleine forme.

« Petit Jésus » ! L'expression me gêne un peu aujourd'hui. Pourtant elle nous rendait Dieu accessible. Une pédagogie chrétienne a imaginé que les enfants pouvaient mieux approcher Dieu si Celui-ci leur était présenté comme leur ressemblant. C'est en tout cas grâce à ce langage-là que je L'ai découvert comme le Tout-Proche de moi.

Sans doute aussi les fêtes de Noël de mon enfance ont-elles contribué à me rendre évidente cette proximité de Dieu. La veille au soir, en famille, nous préparions la crèche. C'était pour nous une vraie joie que d'installer les personnages de terre et de tissu. Entre le bœuf et l'âne gris, nous posions la paille où, à minuit, serait placé l'Enfant Jésus. « Idolâtrie ! » pourraient penser certains. Comme une photo rappelle le souvenir d'un être cher, la crèche (cette invention de François d'Assise) nous redisait le grand amour de Dieu. Car pour rejoindre les hommes au plus profond de l'humanité, le Tout-Autre, le Seigneur de l'univers, le Maître de la création, Celui qui ne peut être enfermé dans une seule forme, dans une seule image, Celui-là s'est fait petit enfant. Le Dieu qui donna naissance à Adam et à tous les humains, Celui qui contracta alliance avec Noé, le même qui parla à Abraham, à Moïse, à Elie, à David et à tant d'autres patriarches ou prophètes, ce Dieu-là, l'Unique, a pris chair dans une Vierge.

Comme des centaines de millions d'êtres humains depuis deux mille ans, j'ai été élevé dans cette connaissance : Dieu s'est fait embryon dans les entrailles d'une fille pieuse de Palestine. Il s'est fait nourrisson, enfant, adolescent, jeune homme. Pour être « l'Emmanuel, Dieu-avec-nous », il s'est fait fragilité, être vulnérable, à la merci du péché et de la violence des hommes.

Je sais combien tout cela peut apparaître comme aberrant et scandaleux à mes frères musulmans. Mais tel est le dépôt de la foi qui m'a été transmis et que je passe ma vie à transmettre à mon tour. Je n'y vois pas, d'ailleurs, de contradiction majeure avec la révélation coranique. « Dieu n'a pas de compagne, dit le Coran. Il ne peut avoir un fils » (17, 111 et 2, 110). Mais la foi chrétienne ne dit pas que Dieu a pris Marie pour compagne, qu'il se serait accouplé à une femme comme certains dieux des mythologies antiques : elle dit qu'il est venu prendre chair en cette jeune fille. La foi des chrétiens ne prétend pas davantage que Dieu a eu un fils comme un humain se gagne une descendance, un héritier. Elle affirme que ce Dieu qui a pris chair en Jésus est en même temps Celui qui ne peut se réduire à une existence humaine. Le Dieu qui s'est fait homme est aussi Celui qui règne dans les cieux et sur la terre, Celui que n'emprisonne ou ne limite aucun temps et aucun espace. Et pour expliquer aux hommes comment Dieu est organisé en Lui-même, Jésus dit qu'il est Le Fils (et non un fils) et que le Fils n'existe pas en dehors de la plénitude de Dieu qu'il appelle Père, le Père et le Fils étant unis dans un même Esprit qu'il leur plaît de communiquer aux hommes. « Pas d'autre divinité que Dieu », répète inlassablement le Coran. Et le christianisme ne dit pas autre chose... Cependant les chrétiens préciseront : « Un seul Dieu, mais qui n'est pas solitaire ! »

« Au nom du Père, du Fils et du Saint-Esprit. » Depuis ma toute petite enfance j'ai répété des milliers de fois cette invocation, comme d'autres, dans le même temps, ont répété des milliers de fois : « *Bismillâh al-Rahmân al Rahim* » (Au nom de Dieu, le Clément, le Tout-Miséricordieux). Quand je me signe en disant ces quelques mots, c'est comme si je me laissais habiter par la présence de Dieu. Aujourd'hui, lorsque je célèbre la messe ou préside quelque autre office, j'essaye de monter ma main bien haut sur le front, et de la descendre le plus bas possible en direction de mes pieds. Ainsi, c'est tout mon être que j'offre, que j'expose au rayonnement de Dieu.

Au jour de mon baptême, le 8 septembre 1950 dans la chapelle de l'hôpital Saint-Joseph de Lyon, quelque cinq semaines après ma naissance en ce même lieu, un prêtre m'a marqué de ce signe de la croix, et c'est par cette invocation trinitaire qu'il m'a consacré à Dieu, comme tous les baptisés. J'aurais pu oublier, comme tant d'autres, cette remise à Dieu. Mais j'ai eu une famille chrétienne qui n'a pas voulu que j'oublie, et je lui en sais infiniment gré.

J'avais sept ans, l'âge de raison (!?), quand on nous fit faire, à ma sœur Françoise et à moi, notre première communion dite alors encore communion privée.

« Vous allez recevoir Jésus », nous a-t-on enseigné. Et pour que nos corps, pourtant jusqu'ici peu souillés par le péché, puissent accueillir le Dieu vivant, nous dûmes nous confesser. De quoi me suis-je accusé ce jour-là devant le prêtre ? Je n'en ai aucune mémoire. Comme il me semble que je n'ai conservé en moi aucune image bien précise de cette communion. Curieusement me reviennent deux ou trois images du bâtiment de l'école de l'Immaculée-Conception où tout cela s'est passé. Il ne m'en est pas resté le souvenir d'une intense émotion. Ai-je alors compris quoi que ce soit à cette absorption d'une pastille faite de farine et d'eau dont on me disait qu'il s'agissait du corps du Christ ?

C'est un peu plus tard que je fis, à l'âge de douze ans, ce qu'on appelait la communion solennelle. J'étais lycéen mais je suivais ma formation chrétienne chez les prêtres de l'école Ozanam, institution de la bourgeoisie lyonnaise où je ne me sentis jamais vraiment chez moi. Des photos de l'époque me montrent habillé dans une aube blanche qui m'allait parfaitement. Comme si j'étais bâti pour cet habit alors que ma grande carcasse maigre et dégingandée était habituellement très difficile à vêtir !

Je ne me souviens pas davantage de ce que j'ai pu ressentir, le jour de cette cérémonie qui venait solenniser toutes les communions reçues entre l'âge de raison et celui de l'adolescence naissante. Ce dont je suis sûr, c'est que regardant le prêtre célébrer la messe, je me voyais un jour futur à sa place, là, debout devant l'autel. Le grand moment pour moi – et il est resté aussi important – était ce temps de la fraction du pain et de la présentation du vin : « Prenez et mangez-en tous : ceci est mon corps livré pour vous ; prenez et buvez-en tous : ceci est mon sang versé », disait le célébrant en refaisant les gestes accomplis par Jésus la veille de sa Passion. En cet instant, hier comme aujourd'hui quand je préside à mon tour l'eucharistie, je ressentais la présence du Christ au milieu de nous. Passage de Dieu parmi nous. Abandon de Dieu dans nos mains, nos bouches, nos corps d'êtres pécheurs.

Dans les traditions catholique et orthodoxe, le prêtre est d'abord celui qui a reçu la capacité de célébrer la messe, au nom du Christ et de l'Eglise, par l'imposition des mains accordée par un évêque successeur des apôtres de Jésus. Là est son premier ministère : actualiser sans cesse le don que le Christ a fait de sa vie par amour pour les hommes. Dans le geste eucharistique, la terre et le ciel se rejoignent, Dieu et son peuple entrent en communion. C'est toute la vie des hommes que le prêtre présente à Dieu avec l'offrande du pain et du vin. C'est tout l'amour du Créateur pour l'humanité qui se manifeste dans l'utilisation répétée de ce pain et du vin comme signes de sa présence qui se donne sans limites.

Nous habitions tout à côté de l'église Saint-André-de-la-Guillotière à Lyon, celle-là même dont je suis devenu le curé. Tous les dimanches matins nous descendions en famille à la messe. Je regardais à chaque fois avec ravissement les grands vitraux représentant les scènes principales de la vie de Jésus : la naissance dans une étable où vinrent le saluer des mages venus d'Orient ; Jésus adolescent enseignant aux anciens du temple de Jérusalem ; le sermon sur la montagne ; l'instauration du repas eucharistique ; la crucifixion et la résurrection éclatante de lumière... Ces images, scrutées des heures durant et pendant des années, ont impressionné mon esprit et mon cœur. Elles sont inscrites en moi, et je pourrais presque dire que j'ai vécu et que je continue de vivre avec elles les scènes représentées. Evidemment, aucun de ces vitraux, tout réussi soit-il, n'a pu traduire la réalité des événements en question. Mais chacun représente un support de méditation, un mémorial, un rappel... Ma foi est ainsi peuplée d'images intérieures, cueillies sur les vitraux les plus simples comme dans les œuvres d'art les plus célèbres, de Rembrandt à Chagall, de Giotto à Rouault en passant par les sculptures de Michel-Ange. « Tu ne feras pas de représentation sculptée de ce qui se trouve en haut dans le ciel, ici-bas sur la terre, ou dans les eaux plus bas que la terre », dit la Bible (Exode 20, 4), et l'attitude doctrinale musulmane a repris sévèrement ce rejet de la figuration. Pas d'image prétendant saisir, enfermer, matérialiser l'Etre divin, comprennent les chrétiens. Mais si l'image conduit à l'adoration du vrai Dieu, comment serait-elle condamnable ? Il n'est peut-être pas nécessaire de contempler le tableau de Rembrandt intitulé *Le Retour du fils prodigue* pour percevoir la grande miséricorde de Dieu. Mais si la contemplation de cette œuvre aide à entrer dans la miséricorde du Seigneur des mondes, comment s'en plaindre et comment Dieu pourrait-Il nous en vouloir ?

Le Créateur habite tout l'univers. Une part de Lui-Même réside en tout être humain sans que pour autant Il ne soit dispersé, car Il est le Tout qui englobe tout et n'est contenu dans rien. Il est possible de le trouver en tout lieu, à commencer par le plus profond de notre cœur. Mais Dieu a voulu que les hommes érigent des maisons de prière, de la Kaba de La Mecque au grand temple de Jérusalem, des sanctuaires cachés des temps de persécution aux cathédrales et aux mosquées des époques de foi largement partagée.

Tout au long de mon enfance et de mon adolescence, j'ai aimé entrer dans les églises. Durant toutes mes années de lycée, j'allais le matin avant les cours, et parfois l'après-midi quand tout était fini, me recueillir dans la très belle église Saint-Bonaventure, un édifice romano-gothique du cœur de Lyon, situé à quelques pas de l'établissement scolaire, lui-même ancien couvent, où j'étais inscrit. J'allais me placer au pied d'un Christ en croix, ou devant une statue de Marie mère de Jésus, ou encore à côté d'une représentation de sainte Thérèse de l'Enfant Jésus, pour demander le courage de vivre dont j'avais besoin. Je l'ai raconté : je détestais le lycée. Je m'y sentais prisonnier. J'avais le sentiment de ne pas y être aimé et que personne ne pouvait reconnaître ce qu'il y avait de richesses en moi. Alors je parlais à Dieu. Je demandais au Christ et aux saints qui partagent déjà sa gloire de me venir en aide. Je leur promettais que s'ils me consolaient par des signes de leur présence, alors je donnerais ma vie à la propagation de cette Bonne Nouvelle : « Ce Dieu qui m'a consolé et me console, vous qui êtes malheureux je peux vous L'annoncer ! » Telle est la prédication que très tôt je me suis imaginé en train de faire. Telle est la prédication qui est devenue et restera la mienne.

Les prêtres de ma paroisse, comme ma parenté, ont su manifestement me transmettre une connaissance du Dieu de Jésus-Christ qui était libératrice, épanouissante. Jamais Dieu ne m'est apparu comme terrible ou terrifiant. Jamais je n'ai imaginé qu'Il ne pourrait pas m'accorder son pardon. Jamais je n'ai pu douter qu'Il m'aimait personnellement, moi l'enfant, l'adolescent et le jeune homme peu sûr de lui qui avait tant de mal à me sentir heureux malgré beaucoup d'amour maternel reçu. Jamais je n'ai pensé – et c'est toujours vrai aujourd'hui – que je puisse me retrouver en enfer et non pas dans le paradis de Dieu.

Je dois cependant dire ici une difficulté rencontrée au cœur de mon adolescence, quand ma sexualité s'éveilla. Régulièrement, pendant des années, j'étais allé demander à des prêtres le signe du pardon de Dieu, à travers ce qu'on appelle communément la confession. On m'avait appris que Dieu pardonne les fautes à qui manifeste sincèrement son repentir devant un témoin investi de cette capacité de signifier la miséricorde divine. Il n'est jamais agréable de reconnaître ses faiblesses, ses veuleries, ses égoïsmes, ses mensonges, ses malhonnêtetés, ses coups tordus à un autre. Mais parler, souvent, libère. Faire son introspection et en partager le résultat avec quelqu'un peut aider à grandir. A partir de quatorze ans, par pudeur, par honte, je cessai d'aller me confesser parce que je ne me voyais pas parler de mes pulsions et émois sexuels.

Depuis, devenu prêtre, j'ai aussi reçu par l'ordination sacerdotale la capacité de signifier le pardon de Dieu, ainsi que le Christ l'avait donnée à ses apôtres : « Ce que vous délierez sur la terre sera délié dans les Cieux. » Je suis très conscient de la responsabilité incroyable dont je suis investi, et j'avoue que je redoute souvent ces moments où l'on vient se confier à moi. Trop de gens se présentent écrasés par la culpabilité, particulièrement sexuelle. J'essaye alors toujours d'avoir une parole libératrice, qui réconcilie la personne avec elle-même, avec Dieu et avec les autres. Ah ! quelle joie de voir des visages ruisselants de larmes qui, soudain, s'éclairent d'un sourire. Telle jeune fille, qui voulait mourir parce qu'elle avait manqué à son serment de rester vierge jusqu'au mariage, repart réconfortée parce qu'elle a compris que Dieu en avait vu bien d'autres tout au long de l'histoire sainte ! Mais parfois l'accablement est si fort, si oppressant, si paralysant, si obsédant que je reste l'impuissant témoin d'une souffrance qui ne produit rien de bon. « Va ! tes péchés sont pardonnés », dit le Jésus des Evangiles à tant de gens blessés croisés sur sa route. C'est ce beau ministère de Jésus qu'il m'est donné de vivre moi aussi malgré mon indignité. Quand les gens viennent me dire leurs péchés, fréquemment j'ai honte de moi en les écoutant. « Ah !

s'ils savaient mes propres turpitudes, me dis-je. Ils ne viendraient pas à moi, ils me fuiraient ! » Mais Dieu ne craint pas, de toute évidence, de se servir d'hommes tordus pour répandre sa tendresse. Depuis deux mille ans, à côté de prêtres et d'évêques admirables, il y a eu nombre de ministres du culte qui n'étaient pas dignes de leur charge. Malgré cela, l'Evangile a continué d'être transmis, les sacrements de la présence de Dieu ont continué à être dispensés et à faire vivre des foules humaines.

Qui peut croire tout seul dans son coin ? Qui peut avoir une relation durable avec son Dieu sans le support d'une communauté qui aide à discerner les appels du Seigneur ? Qui peut prétendre comprendre uniquement par lui-même le sens des Ecritures, et se passer du témoignage des autres croyants ? Pour moi, de l'âge de huit ans où j'entrais chez les louveteaux, à l'âge de vingt-trois ans où je fus accueilli parmi les séminaristes du Prado, c'est le mouvement des Scouts de France qui a constitué pour l'essentiel ma communauté de croyants. Auprès d'eux, j'ai appris à découvrir le Dieu d'Abraham, d'Isaac, d'Ismaël, de Jacob, de Moïse, de David et de Jésus comme étant mon propre Dieu. Je me revois encore, entouré de mes compagnons scouts et en présence de ma mère, faisant à l'âge de quatorze ans ma promesse en plein air sur les hauteurs de Saint-Laurent-du-Pont, commune de l'Isère. La main et le bras gauches étendus sur le drapeau scout, la main droite faisant le salut aux trois doigts dressés et aux deux autres repliés, je prononçai ces paroles jamais oubliées : « Sur mon honneur et avec la grâce de Dieu, je m'engage à servir de mon mieux Dieu, l'Eglise, la patrie, à aider mon prochain en toute circonstance, à observer la loi scoute. »

Dans cette troupe scoute de la 65e-Lyon régnait un esprit chevaleresque. Trente ans après, le beau sourire de Pierre, la voix et le regard pleins de douceur de Raoul, la délicatesse de Nicolas, la disponibilité de Bernard et de Robert, l'amitié de Marc demeurent en moi des souvenirs bien vivants. Tous ceux-là avaient Jésus pour modèle ; ils avaient pour rêve de vivre selon l'Evangile : servir avant de se servir, défendre et protéger au lieu d'ignorer ou de dominer. J'ai appris d'eux à être chrétien, et sans doute ont-ils appris aussi de moi.

J'ai revu certains d'entre eux depuis. Ils m'ont dit qu'ils se souvenaient de moi comme d'un adolescent fragile qui pourtant voulait changer le monde. Quand ils proposaient une action de solidarité avec des personnes âgées isolées n'ayant pas les moyens de se chauffer correctement en hiver, moi je voulais qu'en même temps nous dénoncions la guerre au Vietnam et le mépris des Noirs aux Etats-Unis.

Martin Luther King a été le héros de toute mon adolescence, et c'est grâce à lui que je suis devenu le prêtre que je suis. L'homme était à la fois mystique et très impliqué dans le combat des hommes pour leur libération. La parole de Dieu adressée à Moïse : « Va ! libère mon peuple » était devenue pour lui-même l'appel central de sa vie. Quant à moi, j'ai épousé son rêve. Le jour où les enfants noirs ou arabes du Mississippi ou des Minguettes vivront vraiment en frères avec les enfants blancs de l'Alabama ou de Chambéry, ce jour-là est devenu mon horizon. Et c'est l'horizon de Dieu que je connais : « Yahvé préparera pour tous les peuples sur la montagne de Sion un festin de viandes grasses, un festin de bons vins, de viandes grasses juteuses, de bons vins clarifiés. Il enlèvera sur cette montagne le voile de deuil qui voilait tous les peuples et le suaire qui ensevelissait toutes les nations » (Isaïe 25, 6).

Découverte de l'islam

Il m'est bien difficile de dater ma découverte de l'islam. Ma pré-adolescence, marquée par les bruits de la guerre d'Algérie parvenus jusqu'à Lyon, a probablement intégré le fait que les Algériens appartenaient à une autre foi que celle que j'avais reçue en partage. Il est également vraisemblable que, fidèle attentif de la paroisse Saint-André, je me sois réjoui, avec les prêtres du Prado qui l'animaient, de ce décret conciliaire sur le respect des autres traditions religieuses qui fut publié en 1965, décret manifestant une grande estime pour les musulmans. De cet événement, je conserve d'ailleurs dans ma Bible une image montrant un dévot musulman d'Afrique noire en prière, et ayant pour légende une phrase de la déclaration des pères du concile.

L'été 1969, l'année de mes dix-neuf ans, la troupe scoute dont j'étais un des assistants chefs est partie pour un camp itinérant au Maroc. L'époque était à ces aventures à l'étranger. Une vingtaine d'adolescents et trois ou quatre jeunes hommes pour les encadrer, et nous voilà plongés dans un univers arabo-berbéro-musulman que nous ne pouvions imaginer. Le nom arabe du Maroc,

Al-Maghrib al-Acqça, signifie « l'extrémité de l'Occident », parce que, vue de l'Arabie, cette région apparaît comme au fin fond de l'Ouest. Mais pour nous, ce fut l'Orient, une terre ruisselante de couleurs, de senteurs, de musiques que nous n'avions jamais vues, senties, entendues. Les souvenirs, imprécis, se bousculent aujourd'hui. Le vendeur d'eau de Rabat ou de Meknès avec ses habits bariolés. Les teinturiers de Marrakech, dont les corps se détachaient à peine des bains bleu ou pourpre où ils se trempaient avec leurs étoffes. Les conteurs, joueurs de flûte et charmeurs de serpents de la célèbre place Jemaâ el-Fna de cette même ville. Les bidonvilles de Casablanca, contrastant avec les immeubles modernes et luxueux. La grande mosquée Karaouyine de Fès la sacrée, avec tout autour une myriade d'oratoires, d'écoles coraniques et d'échoppes d'artisans. Les étals des bouchers dans les souks, avec les moutons dépecés subissant les assauts de bataillons de mouches bien vivantes. Ces mendiants aux visages de saints extasiés. Les enfants aux yeux malades, et les crânes rasés des Berbères, leurs pères, aux sources de l'Oum er-Rebia. La fantasia organisée, dans les environs de Rabat ou d'ailleurs, avec cavalcades de chevaux et tirs nourris de vieux fusils, pour les quarante ans de Sa Majesté le roi, commandeur des croyants. Cette jeune femme voilée, laissant voir un œil amusé, et ces garçons curieux de savoir si, en France, il était plus facile qu'au Maroc d'avoir des relations intimes avec des filles...

Mais, plus que tout, le Maroc fut pour moi l'expérience de la douceur dans les relations humaines. Ces garçons qui vous prennent par la main. Ces heures où l'on vient s'asseoir à côté de vous, sans rien demander, en économisant même les paroles, juste pour le plaisir d'être en votre présence. Ces thés, désaltérants rien qu'à les sentir, qu'on vous apporte par crainte que vous ne vous déshydratiez. Ces pains ronds et chauds et ces couscous que vous préparent des mains d'artistes, simplement pour vous être agréables. Ces fruits rafraîchissants qu'on vous offre. Ce lit toujours disponible pour vous, même s'il n'y a pas assez de matelas pour faire dormir tous les membres de la famille. Ces sourires et ces paroles de bénédiction qui sortent spontanément de presque toutes les bouches et à tous les instants.

Je ne crois pas être entré, cette année-là au Maroc, dans une mosquée. Mais il me semble que toute la terre marocaine s'est révélée à moi comme une grande mosquée, une terre sacrée. L'islam alors m'est apparu moins comme un ensemble de dogmes que comme une façon de vivre, une manière d'être en relation les uns avec les autres. Cette hospitalité-là était bien trop exceptionnelle pour ne pas receler quelque chose de divin. D'ailleurs, je devais retrouver par la suite, à des degrés divers, ce sens profond de l'accueil dû au passant, dans toutes les sociétés musulmanes qu'il me serait permis de rencontrer : « Hôte de Dieu, sois le bienvenu ! »

L'année suivante, je retourne au Maghreb, avec quelques amis également issus du scoutisme. Mais cette fois-ci, c'est en Algérie que mes pieds se posent au terme d'une fatigante traversée en bateau. Après une découverte assez innocente du Maroc, le voyage en Algérie a surtout été motivé par le désir de constater les prouesses accomplies par une jeune république qui goûte depuis sept années seulement une indépendance chèrement acquise. Autre ambiance que dans le royaume chérifien. Tout ici est plus austère. Les gens sont pleins de confiance dans l'avenir de la Révolution, et se montrent fiers des réalisations qui, de fait, se multiplient. Nous sommes quatre voyageurs, dont une fille, et nous circulons en auto-stop (ou camion-stop !) en toute sécurité à travers le territoire algérien, de la côte jusqu'aux premiers déserts. Les gendarmes parfois arrêtent des véhicules pour nous permettre de poursuivre notre voyage. Des ex-moudjahidin, combattants de l'Indépendance, nous accueillent chez eux comme des frères, y compris cet homme devenu borgne sous la torture des parachutistes français. Sept ans seulement après une guerre cruelle qui a duré presque une décennie, le pardon semble avoir déjà triomphé ! L'odeur de la poudre à peine dissipée, les anciens maquisards se montrent heureux de nous ouvrir leurs bras, nous les enfants d'une nation qui les a combattus ! A la même époque, en France, des gens refusent toujours de parler à un Allemand, fût-il né après les années noires du nazisme. Je croyais que le christianisme était, par excellence, la religion du pardon. Je découvre que l'islam peut l'être au moins autant, et que des musulmans, en tout cas, peuvent se montrer, en ce domaine, plus chrétiens que des chrétiens...

Un troisième voyage, accompli à l'automne 1975, alors que je suis déjà entré au séminaire du Prado, me fait saisir une autre dimension, incontournable, de la foi musulmane : la prière partout présente. Un ami travaillant à Air France m'a fait inviter pour un vol inaugural Lyon-Tel-Aviv. Je me retrouve dans la Jérusalem arabe, troisième ville sainte de l'islam. Cinq fois par jour les appels à la prière surgissent du haut de minarets souvent très proches les uns des autres. Les voix des muezzins donnent à entendre comme une immense clameur montant vers le ciel : « *Allah ou-akbar !* », Dieu seul est grand ! Aller à la prière est une véritable activité, inscrite dans la vie quotidienne de la cité. Dans les boutiques, les maisons, parfois au coin d'une rue et, bien entendu, dans les mosquées, des milliers et des milliers d'hommes se prosternent naturellement au même moment. Et il en va ainsi sur toute la surface du globe. Dieu, ici, n'a pas été rejeté dans la sphère du privé mais habite vraiment la vie de toute la société. Je repense au tableau du peintre Millet, *L'Angélus*, avec ce couple de paysans s'arrêtant quelques minutes en plein milieu des travaux des champs, pour rappeler la présence de Dieu quand la cloche de l'église les a invités à le faire. A la mosquée d'Omar puis à celle d'El-Aqsa, comme tous les pèlerins je me déchausse, répétant ainsi le geste de Moïse pour s'approcher de Dieu qui lui parle dans le buisson ardent. Regret que pareille attitude ne puisse se vivre dans nos églises aux dallages trop froids.

Ma vie de séminariste a pour cadre une communauté internationale qui réunit une dizaine de nationalités différentes. Nous habitons dans le quartier populaire de Lyon qui a pour nom Gerland. L'immeuble que nous occupons est situé à la lisière d'une cité où vivent plusieurs dizaines de familles maghrébines, essentiellement algériennes. Les sourires de leurs enfants vont me conquérir. Je deviens leur ami, leur complice, leur grand frère. J'organise avec eux des sorties et des camps patronnés par les Scouts de France. Je m'intéresse à leur scolarité, m'inquiète de leur entrée dans la délinquance, plaide leur cause devant les policiers et les juges. Des parents me font une confiance inouïe. Des mères m'ouvrent leurs bras et leurs maisons. Les jours d'Aïd, qu'il s'agisse de la fête de la rupture du jeûne de ramadan ou de la fête commémorant le sacrifice d'Abraham, je dois parfois avaler trois couscous à la suite, pour ne pas paraître méprisant à l'égard de tous ceux qui m'invitent. Je suis de tous les événements familiaux : circoncisions, fiançailles et mariages, deuils, départs et retours du pèlerinage à La Mecque. J'entends quelquefois parler de moi comme du marabout. Mais, le plus fréquemment, on me considère presque comme un fils. Une famille va m'adopter comme tel : la famille Kebaïli. Veuve en 1967, la mère est restée seule avec onze enfants. Certains d'entre eux sont un peu plus âgés que moi. Parmi les plus jeunes se trouve Abdenabi, de huit ans mon cadet. Lui aussi a un sourire inoubliable. Des liens très forts vont nous unir. En 1982, c'est moi qui ferai office de père lors de la discussion concernant son mariage. Et ses enfants, Heidi et Sofia, sont devenus aussi mes enfants, d'autant plus que des turbulences judiciaires ont tenu Abdenabi éloigné des siens. Au sein de cette famille d'adoption, je vis également au rythme du calendrier musulman, participant quand il le faut à l'achat du mouton de la fête. De plus, le beau-père d'Abdenabi, cheikh Deradji Louar, se trouve être l'imam de la mosquée du quartier populaire de la Croix-Rousse. Orphelin, élevé dans une *zaouia* (sorte de maison d'études religieuses), ayant tenté jeune homme l'aventure de l'immigration, il a été quelques années ouvrier avant de se voir sollicité par les gens de son quartier pour être le guide de leur prière. C'est un homme simple, paisible, bienveillant à l'égard des chrétiens. Il se montre tout à fait heureux que je prenne soin des enfants de sa fille Malika, épouse d'Abdenabi.

Durant ces années passées à Gerland, je suis témoin d'un islam populaire où, si le sens de l'omniprésence de Dieu est très fort, en revanche les connaissances religieuses de ces familles de migrants sont faibles. Fréquemment, les jeunes viennent me demander des explications concernant la foi musulmane qu'ils ne trouvent pas auprès de leurs parents, ce qui me conduit à m'instruire moi-même pour pouvoir leur répondre. J'aime cet islam domestique, où Dieu est invoqué à tout moment, où on Lui fait confiance sans réserve au cœur même des pires soucis. Les gens n'hésitent pas à se bénir. Le simple morceau de pain ou le verre de lait est reçu comme un cadeau du ciel. Et la vie est accueillie comme un don qu'on accepte de perdre quand l'heure doit venir : « Mektoub ! C'est le destin. »

Progressivement, mon immersion dans ce monde de l'immigration algérienne à Lyon, les engagements militants qui deviennent les miens au cours des années pour la défense des droits humains des immigrés me font rencontrer l'islam qui tente de s'organiser. Depuis les années 30, un personnage originaire de la ville algérienne de Biskra, Bel Hadj el-Maafi, envoyé en France par le cheikh de la *zaouia* de Tolga, s'est fait reconnaître par les autorités préfectorales, municipales et militaires comme mufti, sans qu'on l'autorise pourtant à créer une véritable mosquée comme il le désirait. Jusqu'à quatre-vingt-dix ans passés, cet homme exerça un ministère de marabout, recevant chaque jour dans un local misérable des dizaines de personnes venant lui demander le secours de ses prières et autres pratiques. Mais dans les années 70 commencent à apparaître les salles de prière dans les foyers de travailleurs et dans certains locaux communs de logements sociaux. Se manifestent aussi les services des consulats maghrébins et turcs pour tenter d'encadrer les musulmans attachés à une pratique collective, et les mouvements missionnaires comme le Tabligh appelé également Foi et pratique. Président, en 1979, de la Maison des jeunes et de la culture de Gerland, j'accueille justement dans cette MJC un rassemblement du Tabligh, à l'occasion d'un long week-end marquant le passage à l'année 1980. Ils se sont annoncés deux cents, ils arrivent quatre ou cinq cents. Ils devaient occuper la maison durant les journées ; ils y dormiront aussi, y feront la cuisine et, bien entendu, toutes les prières rituelles et surérogatoires. Tous les riverains, stupéfaits, voient déambuler pendant quatre jours ces hommes barbus, calottés et habillés de longues tuniques, soucieux d'imiter le Prophète de l'islam dans leur tenue. Quelques mois après, je serai, bien entendu, conduit à abandonner la responsabilité de président de cet équipement...

Mes engagements publics aux côtés des jeunes Maghrébins des banlieues, surtout dans les années 80, me font pénétrer plus avant dans cet univers musulman. Je suis un des témoins privilégiés de ce besoin de spiritualité conjugué à un besoin de se découvrir une identité valorisante, qui se développe chez des jeunes gens en mal de reconnaissance et de réelle intégration dans la vie sociale et économique française. C'est aussi bien Djamel qui aide son père à mettre en place un lieu de prière en bas de sa tour des Minguettes, que Toumi, figure emblématique de la marche des Beurs de 1983, qui me déclare avoir trouvé le goût de l'adoration due à Dieu en me voyant heureux dans mon ministère de prêtre, que Zitouni, connu enfant à Gerland, avec qui je pars deux fois en Inde et qui se lance à vingt-cinq ans dans la lecture d'ouvrages soufis.

Avec la décennie qui suit, celle des années 90, les associations de jeunes musulmans se multiplient, particulièrement dans l'agglomération lyonnaise : Groupement pour la Jeunesse et l'Entraide, Union des Jeunes Musulmans, Association Entraide et Solidarité... Leurs animateurs sont ou deviennent des amis. En face de ceux qui les accusent immédiatement d'être intégristes, islamistes, dangereux pour l'intégration, de menacer l'ordre public, la connaissance que j'ai d'eux et ma notoriété me permettent de faire entendre une autre voix.

A leur contact, je découvre des jeunes assoiffés d'apprendre, désireux de vivre de la manière la plus droite possible dans un monde difficile, manifestant une grande confiance en un Dieu qui sait mieux que quiconque ce qui est bon pour ses créatures. Selon les organisations auxquelles ils appartiennent ou avec lesquelles ils sont en liaison, selon les auteurs ou les conférenciers auxquels ils ont recours, leurs conceptions de l'adhésion à l'islam divergent sensiblement. J'ai la chance de pouvoir en parler avec eux. Parfois, même, je suis un lien, un pont entre des groupes aux sensibilités opposées. On ne me reproche pas d'être à la fois l'ami des uns et des autres, dès lors que je me situe comme un homme de conciliation. Grâce à leur confiance, je me retrouve souvent au carrefour de demandes de rencontres entre musulmans et chrétiens. Ensemble nous avons réagi contre des humiliations imposées par les pouvoirs publics français à des personnalités musulmanes comme le docteur Larbi Kechat, recteur algérien de la mosquée de la rue de Tanger à Paris et menacé un temps d'expulsion, ou comme Tarik Ramadan, brillant intellectuel suisse, interdit d'entrée pendant plusieurs mois sur le territoire français. Et nous avons pareillement manifesté publiquement notre souffrance après l'assassinat répété de religieux chrétiens en Algérie. Larbi Kechat et Tarik Ramadan, représentants d'un islam sunnite très orthodoxe, sont mes amis, mais l'est également le cheikh Khaled Bentounes, figure centrale de la confrérie soufie algérienne Alawiya, ou Faouzi Skali, Marocain de Fès, lui aussi enseignant soufi, que les docteurs de la loi musulmans regardent parfois avec suspicion. Avec cheikh Mahmadou Diallo, sorte de moine musulman sénégalais, assumant à Lyon la guidance des disciples de la grande confrérie Tidjania, avec Amar Dib, organisateur des aumôneries des prisons, Yamine Makri, Hocine Sekkai et Abdelaziz Chaambi de l'Union des Jeunes Musulmans, ou encore avec Abdelkader Bendidi et Abdelmajid Mokeddem d'une association de la ville de Saint-Fons, nous nous considérons comme attelés à une même tâche : celle de construire une humanité fraternelle avec l'aide de Dieu. Nous ne sommes pas, d'un côté des musulmans, de l'autre un chrétien ; nous nous éprouvons comme de vrais amis, également croyants, cherchant à plaire à Dieu et à aimer les hommes.

Par rapport à plusieurs de ces jeunes militants avec lesquels je suis en relation, j'ai généralement la chance d'avoir pu voyager au long des années et d'avoir été le témoin de visages multiples de l'islam. A mes premiers séjours en terre musulmane des années 70 ont succédé, en effet, de nombreux autres, tout aussi marquants : l'Algérie bien des fois, avant qu'elle ne sombre dans la tragédie actuelle ; le Liban pendant les heures terribles de la guerre qui l'a déchiré ; les territoires occupés de Cisjordanie et de Gaza ; la Mauritanie ; le Pakistan et l'Inde aux presque deux cents millions de musulmans, sans oublier deux passages en Bosnie et en Azerbaïdjan. Bien que ce soit le même grand message que l'on proclame à travers tous ces pays, il est néanmoins vécu de manières bien diverses. Contrairement à l'idée généralement répandue, les musulmans pakistanais m'ont semblé beaucoup plus décontractés que ceux d'autres pays, et sans doute ne faut-il pas s'étonner si, à deux reprises, ils ont élu Premier ministre une femme, Benazir Bhutto. En Inde, j'ai surtout rencontré des soufis, particulièrement ceux de l'ordre chisti. Les derviches, ces « pauvres de Dieu » que le goût de la liberté et de l'ascèse a jetés sur les routes, sont devenus pour moi sujets de fascination, et ils m'ont fait sentir combien, dans le sous-continent indien, islam et hindouisme ne sont pas si imperméables l'un à l'autre, mais peuvent quelquefois se conjuguer. La Mauritanie, quant à elle, m'a laissé les images impressionnantes de ses grandes étendues désertiques au sable magnifique. Je revois encore ces policiers débonnaires réglementant une circulation automobile presque inexistante dans les avenues ensablées de Nouakchott, et psalmodiant à longueur de journée : « *Lâ ilâha ilâ Allah* », Il n'y a de dieu que Dieu ! Et au Liban, c'est chez les pauvres chiites du sud de Beyrouth que j'ai trouvé l'hospitalité la plus vraie.

Cette expérience me permet d'inviter en permanence

au respect des différences. Comment pouvez-vous, dis-je à certains de mes jeunes amis militants musulmans, entrer en dialogue avec les chrétiens selon le désir que vous affichez, si vous n'acceptez pas la pluralité des chemins en islam, notamment quand il s'agit des chiites ou des soufis ? Mon regard extérieur, parce qu'il est fraternel, peut alors les aider, comme eux-mêmes peuvent m'aider dans mon approfondissement d'un christianisme authentique dont ils me demandent d'être le témoin.

Troisième partie

*Quand islam et christianisme
s'embrassent*

Ces Écritures qui nous bousculent

PAR RACHID BENZINE ET CHRISTIAN DELORME

Nous ne sommes ni les premiers chrétiens ou musulmans... ni les derniers. Sans forcément nous en rendre compte, nous sommes souvent porteurs des présupposés ou des préjugés véhiculés par l'histoire. « Juifs et chrétiens ont falsifié les Ecritures qui ont précédé le Coran ! » disent facilement les musulmans. « Quoi de nouveau dans le Coran qui ne soit déjà contenu dans la Bible, mis à part des attaques contre nous ? » questionnent de leur côté les chrétiens.

Si chacun prend les Ecritures pour prouver qu'il a raison contre l'autre, il n'aura aucun mal, en effet, à trouver matière à entretenir les divisions, les incompréhensions, les exclusions mutuelles. Et pour « sauver l'honneur de Dieu » il prendra peut-être le risque de blasphémer. Car pour le juif ou pour le chrétien, lui dire que ses Ecritures ont été falsifiées revient à l'injurier. Comme, bien entendu, c'est un outrage insupportable pour un musulman que d'entendre des non-musulmans mettre en doute le caractère révélé du Coran.

En dehors de quelques textes bibliques qui sont lus dans la tradition musulmane comme annonce de la mission de Muhammad, la Bible n'a pas à parler du Coran et de l'islam puisque ceux-ci lui sont postérieurs d'au moins six siècles. En revanche, le Coran évoque à maintes reprises les gens du Livre, ceux qui ont reçu les Ecritures, principalement la Torah et l'Evangile, avant l'avènement de l'islam. Et dans un grand nombre de cas, c'est pour souligner les déviations, les trahisons, les perversions dont juifs et chrétiens se sont rendus coupables.

Mais de quels juifs et de quels chrétiens s'agit-il ? La transmission du Coran s'est déroulée au long d'une vingtaine d'années. A chaque révélation, le prophète Muhammad est en situation. A tel moment il est persécuté par les tribus mecquoises et il est soutenu, à l'inverse, par des chrétiens et des juifs – alors le Coran fait entendre des paroles favorables aux gens du Livre. Mais à d'autres moments il est combattu par les juifs des alentours de Médine ou les chrétiens. Dès lors la dénonciation des croyances des adversaires se fait forte. Car si ceux-ci combattent le messager de Dieu, n'est-ce pas parce qu'ils utilisent des Ecritures déformées et que leur foi est pervertie ?

Pas plus que la Bible, le Coran n'a été donné pour être contre une partie de l'humanité, et ni l'une ni l'autre n'ont pu être communiqués contre des « craignant Dieu », des chercheurs authentiques du vrai Dieu. L'objectif fondamental du Coran est le même que celui du premier et du deuxième Testament biblique : rappeler à l'homme qu'il a un Créateur, qu'il doit obéissance à Ses commandements, et qu'il retournera à Lui. Ce point de convergence ne doit donc pas, ne peut donc pas être oublié en faveur d'autres points qui eux, de fait, peuvent diviser.

Ce qui fait la force de la Bible des juifs, de l'Evangile des chrétiens, du Coran des musulmans, c'est que ces Ecritures ont fait vivre et font vivre des milliards de gens. Pour chacun de ces groupes humains, son Livre est vraiment parole de Dieu. C'est le lieu où chacun peut rejoindre son Seigneur. C'est par lui qu'il entend Dieu lui parler personnellement. C'est grâce à lui qu'il peut vivre une expérience unique.

Qu'elle soit inscrite dans le corps de la Bible ou dans celui du Coran, la Parole est message. C'est Dieu qui se communique à l'homme. Il lui parle une langue qu'il peut comprendre : l'araméen, sans doute, quand Il parle à Abraham, l'hébreu pour s'adresser à Moïse, l'araméen encore quand la Parole se révéla en Jésus, l'arabe pour se faire entendre à Muhammad. Et ce message ouvre à l'homme une voie qui lui permet de savoir d'où il vient et où il va.

L'islam ne conteste pas qu'avant que ne soit reçu le Coran, bien des amis de Dieu ont nourri leur soumission au Créateur avec les Ecritures conservées par les juifs et les chrétiens. Le Coran, ainsi, va jusqu'à dire : « Si tu es dans le doute sur ce que nous avons fait descendre vers toi, interroge ceux qui récitent l'Ecriture avant toi » (Coran 10, 94), autrement dit : interroge juifs et chrétiens ! En revanche, l'islam regrette avec force que juifs et chrétiens ne reçoivent pas le Coran comme une Parole qui vient accomplir la Révélation dont chacun se réclame.

Les chrétiens, quant à eux, ont, d'une certaine manière, par rapport au Coran, l'attitude des juifs par rapport à l'Evangile. Alors que, pour être chrétien, on ne peut ignorer l'héritage juif, pour être un véritable israélite, en effet, il n'est pas besoin de prendre en considération la personne de Jésus. Pour les croyants juifs, la Torah, les Psaumes et les livres prophétiques (Isaïe, Jérémie, Ezéchiel...) disent déjà tellement de choses sur l'Amour que Dieu porte à leur peuple, qu'il n'y a pas lieu de regarder vers une révélation chrétienne qui se présenterait comme complémentaire ou comme un accomplissement. Cela d'autant plus que les Evangiles ne sont pas très indulgents envers les juifs. Le juif pieux se vit comme témoin de la prévention divine pour l'humanité. Son observance des commandements, sa prière, son attestation que Dieu seul est vrai, tout cela constitue déjà pour lui une vocation totale. Et quel chrétien éclairé doutera que des juifs pleinement fidèles aux appels de l'Eternel, tels que ceux-ci sont contenus dans la Bible juive, plaisent à Dieu et contribuent à apporter du bien à la condition humaine ?

Le même manque de symétrie existe entre chrétiens et musulmans. On peut être un chrétien véridique sans s'intéresser à la Révélation coranique. En revanche, on ne peut pas être un véritable musulman si on ne prend pas en compte la mission de Jésus (ainsi que le Coran en parle). Et de même que des chrétiens peuvent souffrir profondément du fait que les juifs ne reconnaissent pas en Jésus le Messie (et les Eglises ont fait « porter leur croix » aux juifs à cause de cela !), de même les musulmans peuvent être blessés ou choqués que les chrétiens n'accueillent pas Muhammad comme prophète et surtout le Coran comme Révélation pour tous les hommes.

Par ailleurs, pour les chrétiens le rapport à la Parole de Dieu a une dimension tout à fait spécifique. En effet, ce ne sont pas seulement les Evangiles qui sont accueillis comme Parole de Dieu : c'est aussi la personne même de Jésus, connu non pas uniquement comme un envoyé du passé mais encore comme une Présence toujours vivante et agissante du fait de sa participation totale à la gloire de Dieu. Dès lors, si la Parole de Dieu n'est pas seulement contenue dans les livres évangéliques, mais si elle demeure toujours actuelle et toujours promesse pour demain dans une présence unique vers laquelle peut se tourner le croyant, comment se sentir directement concerné par la Révélation islamique qui se présente comme accomplissement, mais qui n'accorde pas la même importance que le christianisme à la personne de Jésus ? Si la Parole de Dieu, pour le chrétien, était circonscrite aux Evangiles, celui-ci pourrait peut-être se sentir concerné par une Révélation complémentaire. Mais cela n'est pas pensable quand l'attachement au Christ représente une actualisation permanente du message évangélique.

Cette situation n'implique pas pour autant que le chrétien peut se désintéresser totalement de la révélation coranique. Devant lui, à côté de lui, des adorateurs du même Dieu que celui qui a parlé à Abraham et par Jésus font une expérience profonde de la relation au Très-Haut. Si le musulman témoigne que Dieu lui parle à travers le Coran, comment le chrétien pourrait-il y être indifférent, et cela quand bien même il a la conviction, lui, d'avoir déjà à sa portée, avec la révélation chrétienne, le maximum de ce qui peut lui être confié ?

Ce que le chrétien, particulièrement, doit réaliser, c'est que l'essentiel de la révélation coranique se présente comme un rappel de tout ce que Dieu a annoncé aux prophètes qui se sont succédé depuis Abraham. Le Prophète Muhammad n'a jamais prétendu apporter quelque chose de nouveau. Le chrétien peut donc trouver dans la lecture du Coran une réaffirmation forte de vérités qui appartiennent à sa foi.

Il y trouvera, certes, des passages qui le dérouteront parce que ceux-ci traitent de situations qui ne rejoignent pas son vécu : ainsi les versets qui concernent les guerres des premiers fidèles de l'islam, ou encore ceux qui réglementent l'organisation naissante de la communauté musulmane. Mais il pourra être davantage attentif aux exigences de la soumission à Dieu, à celles de la justice, du pardon, de l'amour qui sont répétées sans relâche.

Le chrétien sera aussi sensible à l'évocation chaleureuse de Marie, mère de Jésus. La naissance de Marie et son enfance, l'Annonciation, Noël... sont rapportés avec une vraie tendresse (les chapitres 3 et 19 du Coran, en particulier). Quant aux versets consacrés à Jésus, il pourra les prendre comme une stimulation à préciser son rapport avec celui que les musulmans vénèrent comme une grande figure tout en refusant de voir en lui la dimension incarnée du Tout-Puissant.

En revanche, le lecteur chrétien du Coran ne pourra qu'être mal à l'aise avec un grand nombre de versets qui évoquent les « déviations chrétiennes ». Mais il pourra se rappeler que ces versets ont été délivrés dans un où les prédicateurs chrétiens (lesquels appartenaient à des Eglises sémitiques ayant rompu, au IVe siècle, avec le christianisme grec de Byzance) pouvaient représenter une concurrence menaçante pour la religion musulmane naissante. Il pourra se souvenir aussi des passages de ses propres Ecritures qui font parfois preuve d'une grande dureté à l'égard de tel ou tel groupe de croyants, et notamment ces passages d'Evangile (particulièrement chez saint Jean) aux expressions très hostiles aux juifs. Et même si les musulmans lisent ces versets très durs pour les chrétiens comme étant Parole de Dieu, ils ne les absolutisent pas nécessairement : le musulman informé, en effet, sait que cette Parole de Dieu est toujours délivrée en situation.

Au demeurant, on peut constater qu'il y a (au moins) deux grandes façons de lire le Coran. D'aucuns prendront tel ou tel verset, le liront au premier degré, voudront l'appliquer (ou le faire appliquer) littéralement sans le mettre en relation avec tout le reste du texte. Il est écrit qu'il faut « couper la main du voleur » ? Alors coupons les mains, sans prendre en considération le fait que le Coran insiste d'abord sur le pardon ! Mais d'autres – c'est la grande majorité des musulmans, qu'ils soient de simples croyants ou de grands savants – prennent le Coran dans sa totalité, presque comme si tout le Livre constituait une sourate unique. La Vérité, dès lors, n'est pas recherchée dans tel ou tel fragment isolé de l'ensemble du Coran, mais elle est trouvée dans tout le discours coranique, dans son évolution, dans les perspectives qu'il esquisse. Dans cette manière de lire, le croyant n'est pas gêné par des versets obscurs qui peuvent coexister avec des versets « évidents », pas plus qu'il ne s'arrête à d'apparentes contradictions. N'est-ce pas ainsi, d'ailleurs, que juifs et chrétiens, pour leur majorité, approchent leurs propres Ecritures ?

Il convient aussi de relever que même si Evangile et Coran se veulent chacun accomplissement des Révélations qui les ont précédés, ni l'un ni l'autre ne prétend contenir et épuiser toute la Parole de Dieu. Deux citations l'expriment clairement. Dans l'Evangile selon saint Jean : « Il y a encore bien d'autres choses qu'a faites Jésus. Si on les mettait par écrit une à une, je pense que le monde lui-même ne suffirait pas à contenir le livre qu'on en écrirait » (21, 25). Dans le Coran : « Quand tous les arbres qui sont sur la terre deviendraient des plumes, quand Dieu formerait des sept mers un océan d'encre, les paroles de Dieu ne seraient point épuisées ; Il est puissant et sage » (31, 26).

Autrement dit, l'Evangile et le Coran ne sont pas, l'un et l'autre, des textes clos. Représentant déjà des sources inépuisables de méditation, de réflexion et de discussion, ils laissent encore la porte ouverte à un devenir de la Parole de Dieu. Celui qui a inspiré la Bible et qui a parlé par le Coran n'a pas fini de S'exprimer.

La lecture du Coran, pour le chrétien, peut constituer une formidable provocation à mieux connaître son propre héritage. Il est rare que le Coran consacre un chapitre entier à rappeler tel ou tel moment de l'histoire de la Révélation à travers les siècles. Le rappel de la Révélation faite à Abraham, ou à Moïse, ou à travers Jésus, se trouve fragmenté en plusieurs chapitres (sourates) dont chacun comporte des versets qui traitent de questions touchant plus directement à la vie de la communauté musulmane naissante ou au témoignage du Prophète Muhammad. Tous ces fragments représentent pour le lecteur de la Bible une nouvelle approche des événements bibliques. Soit celui-ci estime qu'il n'a rien à tirer de cette nouvelle approche (et c'est tant pis pour lui !) ; soit il y saisira une chance de faire une lecture renouvelée des Ecritures dont il est l'héritier. Ainsi la sourate 71 fait entendre un dialogue entre Noé et son Seigneur qui montre le personnage sous un autre jour que le texte biblique, sans pour autant dévaluer ce dernier. Ou encore, la sourate 12, tout entière consacrée à l'histoire de Joseph, fils de Jacob, vendu par ses frères et qui, cependant, saura leur pardonner. Le Coran, en outre, privilégie le fils qu'Abraham a eu avec Agar l'Egyptienne : Ismaël. Il est rare que le croyant juif ou chrétien s'attarde sur ce héros de l'histoire du Salut. Pourtant, la contemplation de cette figure biblique autant que coranique serait certainement enrichissante, comme l'a souligné voici quelques années le théologien arabe chrétien Michel Hayek. Bien des malheurs d'Ismaël, ainsi, peuvent être lus comme une préfiguration des tribulations de Jésus. Expulsé au désert, n'annonce-t-il pas le Christ bouc émissaire ? Et, jeté sous un buisson où il endure les affres de la mort, étouffant et criant sa soif, ne laisse-t-il pas deviner la Passion de Jésus ?

Ce bénéfice que l'on peut trouver pour sa propre foi en se reportant aux Ecritures « de l'autre », le musulman doit pouvoir l'acquérir aussi. Certes le Coran se présente comme récapitulant les Ecritures qui ont précédé sa délivrance, Torah et Evangile. Certes, il affirme faire entendre l'essentiel des messages transmis par Moïse et Jésus, et cela sans altération ni déformation. Néanmoins, le Coran fait souvent allusion à des événements, voire des personnages dont il ne dit pas grand-chose, son lecteur ou son auditeur étant censé en avoir déjà une connaissance nécessaire. Dès lors, la saine curiosité du fidèle musulman peut légitimement le porter à chercher à en savoir plus. Ainsi le Coran dit : « Nous avons donné le Livre à Daoud [David] ». Mais il n'est rien rapporté de ce Livre, à savoir le Livre des Psaumes. Le croyant musulman pourra donc trouver intérêt à aller voir du côté du Livre des Psaumes, « matière première » de la prière quotidienne des juifs comme des religieux chrétiens.

Le contexte de la Révélation coranique est fort différent de celui des annonces successives faites au cours des siècles au peuple d'Israël. Le Coran s'adresse à la postérité d'Abraham, et en premier lieu à ces tribus arabes, descendantes d'Ismaël, auxquelles appartient Muhammad. Même si les juifs d'Arabie sont interpellés au gré des événements et de la descente du message, celui-ci ne prend pas en compte de la même manière que la Bible le rôle singulier du peuple d'Israël, peuple avec qui, dit toute la Bible et rappellent les Evangiles, Dieu a fait une alliance (des alliances) particulière(s). Le message coranique témoigne avec vigueur d'un retour aux sources arabes du monothéisme. Il fait mémoire de messagers « authentiquement arabes », descendants d'Abraham, que la Bible (à l'exception d'Ismaël et de Job) n'a pas retenus (Choaib, Houd, Saleh...). Point, donc, de reprise, dans le Coran, de ce qu'on peut appeler « le langage d'amour » de Dieu pour le peuple juif. Une grande partie des prophètes qui sont chers à la foi juive et à la foi chrétienne : Jérémie, Ezéchiel, Isaïe, Michée, Osée, Amos... ne sont pas évoqués par le Livre de l'islam. Pourtant, la tradition musulmane parle de cent vingt-quatre mille prophètes ayant précédé Muhammad, dont trois cent treize envoyés pour une mission spéciale et fondamentale. Mais il n'est justement pas interdit au croyant musulman de s'enquérir de la Parole transmise par ces envoyés-là. Les premiers commentateurs du

Coran ont fait cet effort. L'un des plus grands parmi eux, Tabari (IIIe siècle de l'islam, IXe-Xe siècle de l'ère chrétienne) a écrit une monumentale *Chronique générale* et un non moins imposant *Commentaire du Coran*. Pour ces œuvres, il a fait largement appel aux informations données autant par les Ecritures juives et chrétiennes, canoniques et apocryphes, que par les traditions orales qui circulaient autour des révélations bibliques ou évangéliques. On lui doit notamment un beau commentaire du Livre de Job (Ayyoub, dans le Coran, dont le mausolée, près de Raranjia, en Irak, suscite toujours la ferveur populaire).

Le croyant musulman et le croyant chrétien, quand ils font cet effort louable, doivent aller encore plus loin que se plonger dans les Ecritures « de l'autre ». Ils doivent apprendre à percevoir comment chaque croyant entre dans son Livre, comment il s'en nourrit, comment il en vit. Bien des malentendus alors se dissipent. Ainsi, la plupart des musulmans ne lisent pas les dénonciations coraniques des « déviations » juives et chrétiennes comme des invitations à haïr ou à mépriser ceux-ci : ils lisent ces versets comme un appel pour eux-mêmes à ne pas dévier de l'adoration du seul vrai Dieu. De la même manière, quand juifs pieux et religieux chrétiens prient à partir des Psaumes, ils ne vivent pas les Psaumes qui ont des consonances guerrières comme des invitations à combattre on ne sait quel ennemi : ils les vivent comme des appels à combattre d'abord les ennemis intérieurs qu'ils laissent entrer en eux, leurs passions pécheresses.

Jésus-Tendresse

PAR RACHID BENZINE

Quand Jean-Michel avait en charge la paroisse de Trappes, le presbytère nous était ouvert même en son absence. Un jour, à l'âge de dix-sept ans, alors que je l'attendais, je me mis à consulter les livres de sa bibliothèque. Pour un homme aussi cultivé, je m'étonnais qu'il en possédât si peu. Les livres m'ont toujours attiré et j'aime être entouré par eux. Comme on pouvait s'y attendre, les étagères contenaient surtout des ouvrages touchant au christianisme. Cependant, à mon grand étonnement, je tombai aussi sur un Coran. Que pouvait-il bien faire là ? C'était une édition bilingue, français-arabe, avec une belle reliure dorée. Je m'en suis emparé et j'ai lu quelques sourates. Mais lorsque j'ai voulu le reposer, impossible de retrouver sa place ! Je tentai alors de le faire entrer dans un espace qui s'offrait. La place était étroite. En forçant un peu, je vis l'ensemble des ouvrages se déséquilibrer. Un livre tombe, grand ouvert. Je me baisse pour le ramasser. Mes yeux s'arrêtent sur les deux pages qui s'offrent à moi, et je lis : « Car j'avais faim, et vous m'avez donné à manger. J'avais soif, et vous m'avez donné à boire. J'étais un étranger, et vous m'avez accueilli. J'étais nu, et vous m'avez habillé. J'étais malade, et vous m'avez visité. J'étais en prison, et vous êtes venu à moi (...). Amen, je vous le déclare : à chaque fois que vous l'avez fait à l'un de ces plus petits, c'est à moi que vous l'avez fait ! » (Evangile de Matthieu, 25, 35).

Je suis subjugué. Je lis et relis ce texte, les pages qui précèdent et les pages qui suivent. Au plus profond de moi, mon cœur est touché. Ces phrases, qui sont venues à moi plus que je ne suis venu à elles, dégagent une force extraordinaire. Une lumière semble en jaillir. Mais qui a pu parler ainsi ? Qui a lancé ce cri du cœur ? Qui est l'auteur de ce formidable appel à la fraternité avec les plus pauvres ? Quel est cet homme qui s'identifie à ce point aux exclus, aux affamés, qui lie son sort aux damnés de la terre ? En haut des pages il est écrit : « Evangile selon saint Matthieu » : cela ne me dit rien.

Quand Jean-Michel arrive, je lui demande des explications. Il paraît à peine étonné de ma soudaine envie de comprendre. J'ai droit à un exposé général sur la Bible, cet ensemble de deux mille pages dont la rédaction s'est étendue sur plus de dix siècles. Pour la première fois, j'entends parler de l'Ancien et du Nouveau Testament, de textes reconnus comme « Parole de Dieu » soit par les juifs et les chrétiens, soit par les chrétiens seuls. Je réalise ainsi que le Coran, en évoquant les Ecritures des juifs et des chrétiens, parle de la Torah, soit cinq Livres, et de l'Evangile, mais point de la Bible. Et ce n'est pas un seul Evangile qui s'est trouvé entre mes mains, mais quatre ! Quatre regards croisés pour parler de Jésus de Nazareth, celui que dans l'islam on appelle « notre maître, le prophète Aissa ».

Par ma famille, je savais que Sidna Aissa était un des grands envoyés de Dieu, né miraculeusement de la jeune vierge Myriam, ayant reçu une onction spéciale puisque méritant seul le titre de Messie dans le Coran, et ayant accompli bien des prodiges. Je savais aussi qu'il ne devait pas être considéré comme mort, mais toujours bien vivant, mystérieusement, parce que élevé par Dieu dans les cieux. Mais je n'avais jamais eu en main « les Ecritures des chrétiens ». Jamais, encore, je n'avais eu accès à ces textes qui parlent du Christ d'une façon beaucoup plus développée que ce que le Coran, qui veut aller à l'essentiel, en dit.

Ce livre tombé et ouvert a été pour moi un éblouissement. Sans doute ne m'étais-je encore jamais beaucoup posé la question du jugement dernier. Or ce passage de Matthieu 25 me disait que Dieu nous rétribuerait selon que nous avons, ou non, été généreux avec les plus pauvres. Je réalisais également autre chose : les chrétiens qu'il m'était donné de connaître grâce à Jean-Michel étaient presque tous engagés au service des plus souffrants. Sans doute cet Evangile n'était-il pas étranger à leurs comportements. D'ailleurs, mon expérience du monde chrétien militant me fait facilement dire que chrétiens et musulmans se distinguent particulièrement par le fait que les premiers sont plutôt des hommes et des femmes d'action, tandis que les seconds se montrent davantage des gens de prière.

En tout cas, ce jour-là chez Jean-Michel, j'ai commencé à faire connaissance avec Jésus, prophète de l'islam et figure essentielle de la foi chrétienne. Au cours des années qui ont suivi, et de plus en plus ces derniers temps, j'ai cherché à aller plus loin dans la découverte de celui que les soufis appellent « le prince des errants », et qui a tant compté dans la vie spirituelle de quelques grands mystiques musulmans comme Hallâj, Rûmi, Attar, Ibn Arabi ou cheikh Alawi. D'une certaine manière, c'est une rencontre personnelle de Jésus que j'ai faite et dont je peux ici témoigner.

Quand j'évoque le Jésus des Evangiles, je retiens avant tout sa tendresse. « Jésus-Tendresse » : tel est le surnom que je lui ai donné. Sans doute parce qu'il y a dans cette attitude quelque chose qui résonne très profondément en moi.

Les récits des quatre évangélistes nous donnent à voir et à entendre un Jésus très souvent en situation de rencontre, avec des foules, avec des individus... avec chacun de nous, dès lors que nous pouvons nous retrouver dans les différents personnages qui sont présentés. Les hommes et les femmes rencontrés sont presque toujours des gens blessés, fragilisés, humiliés. Leur mise en présence de Jésus est alors libératrice, parce que c'est un regard d'amour qui est posé sur eux. Un regard qui jamais ne condamne mais qui, au contraire, rétablit dans sa dignité celui qui en a besoin. Aux yeux de Jésus, chacun a de l'importance. Malgré tes défauts, fait comprendre Jésus aux pécheurs, Dieu t'aime ! Tu te sens coupable ? Probablement as-tu raison, mais Dieu est clémence, miséricorde, et devant Lui tu peux te sentir pardonné et aimé ! Pour le maître de la Création, c'est ta vie qui compte, non tes limites ou tes grandeurs d'un instant. Et si tu es mal portant, si tu es petit, en situation de souffrance, c'est vers toi que je suis envoyé en priorité ! Parce que c'est toi, en manque, qui peux te montrer le plus disposé à recevoir la Parole de Dieu.

Le regard d'amour de Jésus transforme. Il est appel. Il est sans condition. Jésus est avec ceux qu'il croise comme le soleil est avec le bouton de rose. A ce dernier, le soleil ne dit pas : « Ouvre-toi d'abord, et je t'éclairerai ! » Mais c'est parce qu'il éclaire que le bouton peut s'épanouir.

Toute une partie de la tradition islamique, particulièrement celle qui s'enracine dans la mystique, a retenu de nombreuses histoires sur Jésus, puisées pour beaucoup dans les Evangiles apocryphes qui ont circulé en Arabie durant des siècles mais que les Eglises ont délaissées. Ainsi, en voici une que l'on raconte assez facilement dans les familles et qui souligne le regard toujours positif posé sur la vie par Jésus : « Un jour, Jésus et ses disciples passent devant le cadavre d'un chien, mort depuis plusieurs jours. Les disciples sont incommodés par l'odeur de putréfaction qui se dégage, et ils détournent leur visage en se bouchant le nez. "Eloignons-nous vite !" s'écrient-ils. Mais Jésus leur sourit et leur dit : "N'avez-vous pas remarqué comme ses dents sont blanches et belles ?" »

Jésus cherche l'amour. Et les seuls qui font les frais de sa colère sont ceux qui empêchent les autres d'aimer et d'être aimés. Il ne s'en prend pas à ceux qui peuvent pécher, mais à ceux qui dénoncent les péchés des autres. Ceux qui font peser sur les épaules des gens des fardeaux qu'eux-mêmes ne cherchent pas à mouvoir. C'est surtout aux hommes de religion, aux familles sacerdotales des sadducéens et des lévites, ou aux réformateurs pharisiens trop pointilleux, qu'il s'attaque, parce qu'ils prétendent détenir entre leurs mains la volonté divine. En faisant cela, témoigne Jésus, ils deviennent des obstacles dans la rencontre des hommes avec leur Dieu. Ils se rendent même coupables de vouloir garder Dieu prisonnier, L'enfermant dans des pratiques rituelles vides de sens. Se heurtant à eux qui cherchent d'ailleurs à le perdre, il remet en cause leur appréciation en ce qui concerne le sacré et le profane, le pur et l'impur, le bien et le mal.

Comme beaucoup de croyants, je m'interroge sur le comportement qui s'avère le plus proche des attentes divines. Aux yeux de Dieu, quels sont ceux qui peuvent paraître les plus aimables : ceux qui accomplissent régulièrement les obligations rituelles, mais qui n'ont pas d'amour pour les autres, ou ceux qui sont de mauvais observants des règles, mais qui ont le cœur sur la main ? Est-il plus important d'être saint, ou bien d'être compatissant (à défaut, bien entendu, de savoir parvenir à la fois à la sainteté et à la compassion) ?

Un roman de Hermann Hesse, *Narcisse et Goldmund*, m'a, d'une certaine manière, donné un commencement de réponse à cette interrogation. On y entend le vieil abbé Narcisse s'adresser ainsi à son élève Goldmund : « L'amour de Dieu, dit-il lentement en cherchant ses mots, n'est pas toujours la même chose que l'amour du bien. Ah ! si l'amour était si simple que cela. Ce qui est bon, nous le connaissons, c'est dans les Commandements. Mais, sais-tu, Dieu n'est pas seulement dans les Commandements. Ils constituent une partie de son immensité. Tu peux être en règle avec les Commandements et te trouver bien loin de Dieu ! » C'est le message même de Jésus adressé aux pouvoirs religieux de son époque... et, sans doute, à ceux de toutes les époques.

Jésus ne méconnaît pas le péché ordinaire des hommes.

Mais celui-ci n'est pas, pour lui, motif de condamnation. Car il est venu « chercher ce qui était perdu ». Il veut que l'homme soit rétabli, restauré dans sa dignité de « vicaire de Dieu sur terre ». Il ne met pas d'étiquettes qui enferment les gens dans des situations ou des comportements. Il sait que chacun a plus à donner que ce qu'il laisse paraître. Pour lui, tout être humain est si précieux, si unique et donc rare, si grand dans ses capacités, qu'il est impensable de s'arrêter à un jugement négatif et définitif sur quelqu'un. A tout moment, on le voit en appeler au pardon, parce que pardonner c'est donner de nouvelles chances de départ par-delà les accidents, les accrocs et les trahisons que charrie la vie. Alors Pierre s'approcha et lui dit : « Seigneur, quand mon frère commettra une faute à mon égard, combien de fois lui pardonnerai-je ? Jusqu'à sept fois ? » Jésus lui dit : « Je ne te dis pas jusqu'à sept fois, mais jusqu'à soixante-dix fois sept fois ! » (Matthieu 18, 21-22).

Cette attitude de pardon à l'égard de ceux qui vous ont fait du mal, Jésus l'a, bien entendu, pratiquée lui-même. Les Ecritures des chrétiens en font particulièrement état en ce qui concerne les outrages subis au moment de ce qui est appelé la passion du Christ. Le grand théologien et mystique sunnite du XIIe siècle Ghazâlî a rapporté, lui, cet épisode : Passant dans un quartier, Jésus se fait insulter. Mais lui, d'essence pure, se met à répondre par des prières, le visage illuminé. Quelqu'un lui demanda : « Comment est-il possible que tu ne sois pas outragé et que tu pries pour ces hommes ? » Il répondit : « Un cœur ne peut dépenser que ce qu'il a dans sa bourse. » Trouver des excuses à ses ennemis : voilà ce dont Jésus était capable.

J'avoue avoir essayé d'imiter un peu ce comportement de Jésus un jour où je suis allé à Lyon rejoindre Christian pour un rassemblement organisé en mémoire des sept moines de Thibhirine assassinés en Algérie. Un militant d'extrême droite, à la fin de cette manifestation, tenta de nous narguer quelque peu. Je m'avançai vers lui en répondant à ses paroles désagréables par un sourire et par des « Dieu vous bénisse ! ». Il finit par accepter une discussion plus honnête...

Une parabole de Jésus, dans l'Evangile selon Luc (15, 11-32), exprime avec force ce pardon que Dieu seul peut réellement donner : celle du fils prodigue, qu'a si bien « réécrite » en peinture Rembrandt. Les chrétiens la connaissent, bien entendu. Un père avait deux fils. Le plus jeune voulut aller vivre sa vie et demanda sa part d'héritage, tandis que le frère aîné restait travailler auprès de son père. Mais après avoir mené une existence dissolue et dilapidé tout son bien, le jeune homme est habité par la nostalgie de la maison paternelle. Affamé, il est prêt à y revenir même dans la condition de serviteur. Il se remet donc en route. Son père est averti de son arrivée. Va-t-il le chasser ? Le réprimander ? Rien de tout cela. Au contraire, ses grands bras s'ouvrent pour accueillir et couvrir de baisers le fils qui était perdu et qui est retrouvé. Eh bien, dit Jésus, voilà ce qui vous attend si vous revenez à Dieu !

Bien entendu, je ne sais pas si, personnellement, confronté à une grande blessure qui pourrait m'être faite, j'aurais la capacité de pardonner vraiment, d'ouvrir aussi mes bras. Mais c'est néanmoins l'idéal que j'essaye de me fixer.

Jésus ne cesse de faire confiance en la maturation des

forces semées en nous, et j'y suis très sensible. C'est là une de mes convictions profondes d'enseignant, moi qui ai pour mission essentielle de faire s'éveiller chez les élèves les capacités qui sont les leurs, ainsi que l'envie d'apprendre et de comprendre.

Jésus refuse de rabaisser les hommes en raison de leur méchanceté. Il ne se sent aucun droit de les mépriser. Il ne juge pas, ne condamne pas, ne fait pas la morale. Il sait que derrière les comportements répréhensibles des hommes, se cachent bien des secrets. Je pense à Karim. Aîné de sa famille, intelligent, on le croyait plein de promesses. Mais des tourments intérieurs le rendaient insupportable à l'école, qu'il quitta à l'âge de quatorze ans sans qu'aucun autre établissement accepte de l'accueillir. Pour comble de malheur, son père abandonne le domicile conjugal et laisse la mère, démunie, avec les enfants. Karim commet alors une succession de vols, plus ou moins importants, qui aboutissent à plusieurs incarcérations. Une vie brisée dès l'adolescence. Aujourd'hui le garçon survit dans la rue. Sa mère, depuis des années, n'arrête pas de pleurer. La blessure du gamin qui n'a pas eu l'enfance et l'adolescence sécurisantes dont il avait besoin est si grande que chacun se sent impuissant à la guérir. Une société, bien entendu, doit limiter la délinquance de jeunes et la sanctionner. Mais jusqu'à quel point peut-on en vouloir à un garçon qui a été autant malmené par la vie ?

A aucun moment, la présence de Jésus n'écrase, ne diminue qui que ce soit. Pour relever les hommes, c'est lui qui se baisse, s'abaisse... Il ne cesse de se mettre à la hauteur de ceux qui souffrent, au niveau de ceux qui sont englués dans le malheur ou le péché. Simplement parce qu'il pose sur les gens un regard d'espérance, il fait naître ou renaître des êtres à eux-mêmes. Il offre à chacun de nouveaux départs. Ainsi, dans les guérisons qu'il fait, le plus important n'est probablement pas la libération physique qu'il apporte, mais bien cet envoi sur d'autres chemins d'existence. Pour beaucoup qui sont comme en captivité, il ouvre la cage aux oiseaux.

Ce regard libérateur, l'aveugle Bartimée en a bénéficié. Occupé à mendier, il apprend que Jésus de Nazareth est tout proche. Il s'écrie : « Prends pitié de moi ! Fais que je voie ! » Devant sa confiance, Jésus peut lui dire : « Va, ta foi t'a sauvé ! » (Marc 10, 46-52). Jésus n'a pas manqué d'entendre l'appel qui lui était adressé du milieu des foules. Le cri de Bartimée était devenu un cri unique qui demandait réponse. L'homme infirme se retrouve au centre de la préoccupation du prophète. Jésus l'invite à exprimer son être profond, ce qu'il désire le plus : « Que je voie ! » Seule la confiance peut lui rendre la lumière du jour. Un malade ou un infirme ne peut guérir contre sa volonté. Jésus lui offre la possibilité d'être ouvert à la lumière, celle du jour et celle de Dieu. Il se manifeste donc comme un catalyseur permettant que le miracle se produise. La force qu'il déploie, c'est celle de son amour et de sa bonté envers ses frères humains, et cette force-là, en effet, peut produire des prodiges.

Quand on est enseignant, éducateur, ou tout simplement parent ou grand frère, on sait bien que les jeunes qui nous sont confiés peuvent s'épanouir soudainement, trouver brusquement des chemins de bonheur, cela parce qu'on aura trouvé la phrase ou le geste juste qui redonne courage, rend confiance. Il y a, en effet, une force de l'amour qui permet des évolutions humaines spectaculaires. L'attention que je porte à Jésus me conforte dans ces convictions, mais je retrouve aussi en Jésus des intuitions qui sont en moi depuis longtemps. Jésus m'apparaît bien, ainsi, comme un maître de sagesse universelle.

Jésus n'est-il pas d'une étonnante modernité quand il prend la défense des exclus de son temps ? Ainsi ce bel exemple de la purification d'un homme couvert de lèpre dans une ville où il séjournait (Luc 5, 12-16). La compassion du maître pour les lépreux est soulignée à plusieurs reprises dans les Evangiles. Ces malades étaient considérés comme l'objet d'un châtiment de Dieu, pour leurs fautes ou pour celles de leurs parents. Généralement expulsés des villes, ils devaient signaler leur passage quand ils les traversaient, afin que les autres hommes puissent se protéger de toute contamination. Jésus, lui, ne s'éloigne pas du malade. Il accepte la rencontre. Mieux, il touche celui qui était considéré comme impur, devenant lui-même impur aux yeux des légistes. Ce faisant, il va au-delà de la loi ; il brise des frontières qu'on imaginait infranchissables. Sa main tendue vers le lépreux devient une invitation à surmonter nos peurs, surtout celles qui nous éloignent de la rencontre des autres. Avec Jésus, il n'y a plus d'exclus. Les lépreux, les pestiférés, les rejetés de tous les temps et de tous les lieux sont déclarés par lui fréquentables, et même aimables, dignes d'être aimés. Parce qu'en chacun il y a du beau, beauté de l'homme, beauté de Dieu.

Ce lépreux était d'abord blessé par les regards des autres, nos regards pleins de calomnie et d'absence de compassion. Il déambulait dans la ville où passait Jésus. Il est là aujourd'hui au milieu de nos trottoirs ou dans les couloirs du métro : jeune ou vieux mendiant sollicitant une pièce et un peu d'attention respectueuse, malade du sida que l'on abandonne à la solitude, toxicomane dont la compagnie nous est insupportable et que l'on condamne sans appel... Mais nous pouvons aussi, chacun, devenir un jour ce lépreux, un de ces êtres qui perdent toute importance aux yeux d'une société. A ce moment-là, la main d'un Jésus sera vraiment notre planche de salut. « Aimez-vous comme je vous ai aimés ! » ose dire Jésus à ceux qui le suivent. Par là, il ne cherche pas à se poser en modèle admirable, mais il propose un chemin de vie aux hommes. L'amour des autres comme règle de vie. Le service comme idéal d'existence. Il ne cesse de montrer l'exemple, pour nous encourager à entrer dans cette dynamique : « Jésus se lève de table, dépose son manteau et prend un linge dont il se ceint. Il verse ensuite de l'eau dans un bassin et commence à laver les pieds des disciples et à les essuyer avec le linge dont il était ceint. (...) Dès lors que je vous ai lavé les pieds, vous devez aussi vous laver les pieds les uns aux autres ! Ce que j'ai fait pour vous, faites-le vous aussi ! » (Evangile de Jean 13, 14-15)

Le prophète de Galilée ne se penche pas sur les pauvres comme ceux qui le font en se sentant supérieurs. Il se présente les mains vides, comme un pauvre. Il a fait choix d'être au milieu des petits, miséreux, infirmes et malades, ne possédant guère plus qu'eux. Ainsi il ne leur apporte pas une puissance devant laquelle ils se sentiraient encore plus petits ; c'est par son dépouillement, sa faiblesse volontaire qu'il leur vient le mieux en aide.

Ghazâlî raconte encore ceci concernant Jésus : « Considère donc l'exemple du Christ ! Car il n'y a point de doute qu'il ne posséda jamais aucune bourse. Il avait porté pendant vingt ans de suite une tunique de laine. Il n'avait sur lui, au long de ses pérégrinations, qu'une cruche et un peigne. Voyant un jour un homme buvant au creux de la main, il jeta la cruche et ne la retrouva plus jamais par la suite. Puis, passant près d'un homme qui peignait sa barbe avec ses doigts, il jeta son peigne et ne le reprit plus jamais par la suite. » Agissant ainsi, Jésus a incité ses disciples à une véritable révolution dans leurs comportements habituels. Mais tout homme – et c'est mon cas – peut découvrir dans cet appel une vérité profonde qui dépasse les frontières de la foi chrétienne. Car que dit Jésus, sinon que la pauvreté est inhérente à la condition humaine, parce que nous sommes fragiles, insécurisés, prêts à tomber dans tous les pièges ? Pauvres êtes-vous ! nous dit-il. Considérez-vous pauvres avec les pauvres, et mettez-vous sous le regard compatissant de Dieu ! Dans cette fréquentation des plus petits, nous assure-t-il, se trouve la clé du bonheur. Et vous percevrez votre pauvreté comme une richesse.

Les hommes peuvent rejeter les autres, mais Dieu, Lui, ne rejette pas. C'est ce que Jésus s'efforce de faire comprendre dans sa proximité avec les exclus de son temps. Pour cela, il ne craint pas d'inaugurer un autre rapport à la Loi, passant par-dessus ses prescriptions quand la protection de l'homme est en jeu. « Le shabbat est fait pour l'homme, et non l'homme pour le shabbat », disait déjà la tradition orale juive du temps de Jésus, mais cela ne se traduisait nullement dans les comportements des hommes de religion. Jésus reprend cette affirmation, et il joint le geste à la parole pour la faire progresser dans les esprits, ne craignant pas d'opérer des guérisons le « jour du Seigneur ».

A ceux qui prêchent que seront reconnus comme justes le jour du jugement ceux qui auront observé la Loi dans ses plus petits détails, Jésus rétorque que nous serons jugés selon le comportement que nous aurons eu à l'égard des hommes en détresse. A quoi peuvent servir nos pratiques rituelles, nos prières, si nous sommes incapables d'apporter un peu de chaleur à ceux qui souffrent ? Quelle est-elle, ma religion, si elle ne me transforme, me rendant réellement soucieux de ceux qui sont dans le besoin ? Dans nos quartiers sensibles de France, il y a des jeunes musulmans qui, aujourd'hui, s'efforcent de traduire leur foi dans des actions de solidarité. Mais trop nombreux sont encore, me semble-t-il, les dévots qui ont le souci d'être bien à l'heure à la prière, qui accordent une importance démesurée aux gestes de la prière, accomplis selon tel ou tel rite, mais qui n'ont aucune commisération pour le jeune homme ou la jeune fille qui est en train de mourir de la drogue ou du sida dans l'immeuble même où ils habitent.

Toujours dans l'Evangile de Luc, celui qui a été le plus attentif aux guérisons opérées par Jésus, on lit ce beau récit dit parabole du bon Samaritain (Luc 10, 29-37). Jésus y parle d'un homme qui descendait de Jérusalem à Jéricho. Attaqué par des brigands, il est laissé pour mort sur le chemin. Passent, à peu de temps d'intervalle l'un de l'autre, deux hommes du culte, un prêtre et un lévite. Ils ont si peur de se souiller en approchant un corps mort qu'ils se détournent rapidement. Mais arrive un Samaritain, un homme considéré par les juifs comme appartenant à un peuple bâtard et impur. Il est pris de pitié, se penche sur la victime et, voyant qu'elle est vivante, la prend avec lui et la fait soigner. « Lequel des trois, interroge Jésus, s'est montré le prochain de l'homme qui était tombé sur les bandits ? »

Pour les contemporains juifs de Jésus – pour nous ? –, la notion de prochain était liée au groupe d'appartenance. Jésus nous invite à élargir notre conception du proche. Ce n'est pas seulement celui qui est de notre groupe, c'est aussi celui dont je me rends proche. Mieux, nos ennemis aussi ont droit à devenir nos prochains. Mais dans tous les groupes humains, il y a cette tendance réductrice de la notion de prochain. Dans un quartier, un décès tragique est annoncé. Il s'agit d'une victime d'origine maghrébine ? Alors toutes les familles musulmanes se concertent, vont pleurer avec les parents. Il ne s'agit pas d'un musulman ? Alors on oublie de pleurer avec ceux qui pleurent. Ce n'est pourtant pas l'exemple qu'a donné le saint Prophète Muhammad.

Dans la même logique du dépassement de nous-mêmes, Jésus nous appelle à donner sans compter. Pourquoi retenir les élans de notre cœur s'ils aspirent au partage ? Retenir, n'est-ce pas déjà périr ? « Regardez les oiseaux du ciel : ils ne sèment ni ne moissonnent, ils n'amassent point dans des greniers ; et votre Père céleste les nourrit ! Ne valez-vous pas beaucoup plus qu'eux ? » (Matthieu 6, 26).

Le don que l'on fait doit être véritablement gratuit, comme le soleil et la pluie sont offerts aux fleurs des champs. Celui qui donne ne doit pas se soucier de lui-même, mais plutôt de ce qu'il donne et à qui il le donne. Comme Dieu qui ne donne pas de sel à l'assoiffé, ni de pierre à l'affamé ou de lait au sevré, il faut savoir donner à chacun selon son besoin. Alors Dieu nous récompensera avec une grande abondance.

JÉSUS-TENDRESSE

Lorsqu'on suit Jésus au long des pages d'Evangile, tout le monde de son époque nous apparaît. On croise des travailleurs, des fils aînés, des fonctionnaires au service de l'occupant romain et soucieux de recevoir ce qu'ils croient mériter, des riches indifférents au sort des moins fortunés qu'eux, des hommes de religion préoccupés par l'observance rigoureuse des prescriptions rituelles et obsédés par tout ce qui pourrait les souiller extérieurement, des misérables, des étrangers... Tout ce peuple, Jésus le connaît bien. Il se montre à son égard « expert en humanité », et quand il parle aux uns et aux autres, il touche juste. Surtout, il met le doigt sur le fait que chacun est trop préoccupé par sa propre personne, et que cela nous enferme dans une vision étroite de la réalité. Ainsi utilise-t-il souvent l'image de l'aveugle. Il accuse les chefs religieux d'être des aveugles qui prétendent pouvoir guider d'autres aveugles. « Vous avez des yeux pour ne pas voir ! » s'écrie-t-il. Empressés de juger les autres, nous ne voyons pas clair sur nous-mêmes. Anxieux de préserver notre bien-être, qu'il s'agisse de notre confort familial, de richesses, d'honneurs, nous laissons notre champ de vision se rétrécir et nous courons le risque de devenir insensibles aux autres. Nous sommes en danger de ne plus voir et de ne plus sentir la miséricorde de Dieu qui pourtant nous entoure.

L'enseignement de Jésus – mais c'est aussi l'enseignement des mystiques musulmans – nous appelle à sonder notre cœur pour y trouver l'essentiel. « Fends le cœur d'un homme, et tu y trouveras un trésor ! » a dit un poète perse. Nous devons être capables de nous mettre à l'écoute de notre cœur, nous y trouverons la présence de Dieu.

Voici une autre histoire soufie. Un jour, un maître demande à ses disciples de se mettre en quête de Dieu. Certains d'entre eux s'en vont jusqu'aux extrémités de la terre. D'autres partent scruter le fond des mers. D'autres, encore, tentent d'explorer les cieux et les galaxies. Mais ils finissent tous par rentrer penauds auprès de leur maître, n'ayant rien trouvé. Alors leur maître leur demande : « Avez-vous songé à regarder au fin fond de votre cœur ? » Ils n'y avaient pas pensé, tant il est vrai, comme l'exprime un proverbe africain, que « le fond du cœur est plus loin que le bout du monde ». Le royaume de Dieu annoncé par Jésus ne s'inscrit ni dans l'espace ni dans le temps. Ce royaume est d'abord en nous. Et il disait : « Il en est du royaume de Dieu comme d'un homme qui aurait jeté du grain en terre : qu'il dorme ou qu'il soit debout, la nuit et le jour, la semence germe et pousse, il ne sait comment. D'elle-même la terre produit d'abord l'herbe, puis l'épi, puis plein de blé dans l'épi. Et quand le fruit s'y prête, aussitôt on y met la faucille, parce que c'est le temps de la moisson » (Marc 4, 26-29).

Ces paraboles touchent à l'essentiel de nos existences, la croissance de Dieu en nous. Jésus le souligne, nous sommes incapables de satisfaire seuls notre être profond. Malheureux sommes-nous si Dieu n'est pas au centre de notre existence ! Le vide est au moins aussi terrible que la solitude. « Notre cœur est sans repos, Seigneur, jusqu'à ce qu'il repose en toi », disait saint Augustin. Le royaume dont parle Jésus est cette graine déposée en nous qui ne demande qu'à germer et à éclore. Mais pour que l'éclosion ait lieu, il faut du temps, de la patience et des soins. Notre vérité ne peut mûrir que dans la compréhension et la bonté pour les autres. La petite graine a aussi quelque chose à voir avec notre enfance. Avec l'enfant que nous avons été et qui reste encore vivant en nous : « En vérité, je vous le dis, qui ne reçoit pas le royaume de Dieu comme un enfant n'y rentrera pas ! » N'ayant pas encore eu le temps de revêtir des masques et de jouer de faux personnages, les enfants offrent, aux yeux de Jésus, l'exemple à suivre pour trouver Dieu. Il faut s'en remettre à Dieu comme l'enfant s'en remet à son père. Faire vivre l'enfant qui sommeille en nous pour être un véritable adulte.

On dit souvent que tout le résumé du message de Jésus se trouve dans ce qu'on nomme le sermon sur la montagne ou les Béatitudes. Le Mahatma Gandhi considérait ce texte comme fondamental pour la croissance spirituelle de l'humanité, et il chercha lui-même à le mettre en pratique. Ce texte, en effet, se présente comme un véritable hymne à l'espérance et à la libération :

> « Heureux les pauvres de cœur : le royaume des cieux est à eux !
> Heureux les doux : ils obtiendront la terre promise !
> Heureux ceux qui pleurent : ils seront consolés !
> Heureux ceux qui ont faim et soif de justice : ils seront rassasiés !
> Heureux les miséricordieux : ils obtiendront miséricorde !
> Heureux les cœurs purs : ils verront Dieu !
> Heureux les artisans de paix : ils seront appelés fils de Dieu !

Heureux ceux qui sont persécutés pour la justice : le royaume des cieux est à eux ! »
(Matthieu 5, 3-10)

Huit paroles d'éternité. Huit promesses de bonheur. L'assurance donnée à ceux que le malheur, l'injustice et la persécution accablent qu'ils seront rétablis dans leur dignité et dans leurs droits. L'affirmation que Dieu est avec ceux qui pleurent et souffrent, et que cela est déjà une grande consolation. Je ne confesse pas la foi chrétienne, et cependant ces paroles résonnent en moi. Elles viennent renforcer ma propre foi. Elles m'interpellent et m'indiquent un chemin de sagesse.

Nombreux sont les passages d'Evangile auxquels j'aime à revenir. Mais l'histoire de la femme adultère est probablement le récit qui parle le plus à mon cœur. Qu'on me permette de la rappeler pour les lecteurs qui ne sont pas habitués aux textes chrétiens. Pendant que Jésus enseignait dans le temple de Jérusalem, voilà qu'on lui amène une femme surprise en adultère. Les scribes et les pharisiens veulent mettre Jésus à l'épreuve, l'obliger à prononcer une condamnation contre la femme, ainsi que le prévoit la Loi mosaïque, ou bien l'amener à se dévoiler comme contestataire de la Loi. Ils se croient malins et savourent déjà leur victoire. Mais Jésus ne tombe pas dans leur piège. Il baisse les yeux. Cherche-t-il à gagner du temps, ou bien baisse-t-il les yeux pour ne pas imposer à la femme un regard qui pourrait paraître celui d'un juge ? Car là où les hommes ne retiennent que l'adultère, Jésus, lui, voit d'abord une femme. Là où les autres ne voient qu'une faute qu'il faut punir, et punir par la mise à mort par lapidation, lui voit un malheur qu'il faut guérir. Les scribes et les pharisiens, s'accaparant le texte de la Loi pour se venger de toutes leurs frustrations, sont comme fascinés par le péché de la femme mais n'imaginent pas sa souffrance.

Ils sont tous là qui s'agglutinent de manière malsaine autour de la coupable, et ne tiennent aucun compte de l'homme avec qui l'adultère a été commis. Ils ont déjà décidé du verdict, la mort. Ils sont tout excités à cette pensée. Le vacarme doit être grand. Seuls Jésus et la femme se taisent. Jésus se baisse, écrit sur le sable. Que peut-il écrire ? Evoque-t-il les turpitudes des hommes ? Esquisse-t-il le projet d'une nouvelle Loi ? Une vie de femme est en jeu, mais aussi la vie de Jésus que ses ennemis veulent conduire à la mort.

Jésus opère alors un retournement inattendu. Il s'adresse à la conscience de ceux qui lui font face : « Que celui qui n'a jamais péché lui jette la première pierre ! » Il ne dénonce pas la Loi, il renvoie les hommes à leur capacité ou à leur incapacité à faire appliquer la Loi alors qu'eux-mêmes ne sont pas sans péché. A l'agitation succède le silence. Qui peut prétendre n'avoir jamais péché ? Qui n'a jamais eu de désir d'adultère ? Et combien sont-ils, parmi ceux qui voulaient la lapidation de la femme, à avoir eu eux-mêmes des liaisons illégales ? Pas plus qu'il n'a dévisagé la femme par crainte que son regard ne la gêne, il ne regarde la foule. De nouveau il se baisse, comme pour relever ce qui est à terre, et il écrit encore sur le sol. « Après avoir entendu ces paroles, rapporte l'Evangile de Jean (8, 1-11), ils se retirèrent l'un après l'autre, à commencer par les plus âgés, et Jésus resta seul. »

Une nouvelle loi est née qui doit primer sur toutes les

autres, la compassion. « Femme, où sont-ils ? Personne ne t'a condamnée ? – Personne, Seigneur ! – Moi non plus, je ne te condamne pas : va, et désormais ne pèche plus. »

En essayant de comprendre pourquoi ce récit de la femme adultère évoque en moi une si grande émotion, je me souviens de scènes de violence faites à des femmes et dont j'ai été quelquefois le témoin, dans mon enfance ou dans mon adolescence, chez des voisins. Je me rappelle aussi des jeunes filles que j'ai connues, rejetées par leurs parents pour avoir trop rapidement cédé à un flirt. J'ai également conscience d'être particulièrement sensible à la vulnérabilité des plus faibles. D'autre part, combien de fois nous laissons-nous emporter par la tentation de juger, de condamner, de rejeter, d'envoyer au diable ? Face au péché dont nous sommes témoins, savons-nous voir notre propre péché, ou bien le fuyons-nous en voulant en faire porter tout le poids aux autres ?

Pour Jésus, cette femme représentait certainement toute notre humanité en quête d'amour et jamais satisfaite. Elle s'est perdue en voulant trouver cet amour. Elle ne méritait pas la mort pour autant. Aussi Jésus lui a-t-il donné une nouvelle chance de départ dans la vie. Il a voulu redonner confiance en elle à cette femme, et lui-même lui fait confiance. Il ne l'a pas enfermée dans le remords ou la culpabilité. Va ! ne te retourne pas, semble-t-il lui dire. Ce qui est passé est passé. Et cet amour que tu cherches, essaye déjà de le trouver en toi, tu en es capable ! Sans doute la femme est-elle partie, les yeux pleins de larmes de reconnaissance.

Oui, c'est bien la tendresse qui domine chez Jésus. C'est ainsi, avec cette seule arme qu'il est venu prêcher un royaume d'amour à établir dès à présent dans le cœur des hommes. Son regard, ses paroles, ses gestes sont tous empreints de douceur, de compassion, d'amour. Tout son comportement, toute sa personne annoncent un Dieu si miséricordieux que Le penser d'abord comme punissant serait lui faire injure. En rendant à ceux qu'il rencontre la confiance, en les libérant, Jésus, finalement, rend Dieu aux hommes qui L'avaient caché derrière des règles tatillonnes et des lois trop lourdes à supporter.

Mais n'avons-nous pas tous, en nous, une part de cet homme inoubliable qui ne demande qu'à se révéler, à s'éveiller ? Ne peut-il y avoir « du Jésus en nous » ? Sans doute ne pouvons-nous pas redonner la vue aux aveugles ou guérir les lépreux, sinon en recourant aux sciences médicales. Mais notre regard, nos paroles peuvent guérir bien des maux du cœur. Nous aussi nous pouvons faire repartir d'un nouveau pied des gens qui se croyaient brisés parce que plus personne ne leur accordait la confiance et la chaleur humaine dont ils avaient besoin.

Avec Jésus, voyons le papillon dans la chenille, la sainte possible dans la prostituée, le frère dans tout homme rencontré. Jésus, prophète universel. Jésus mon frère, mon ami. Le soir, quand je me couche, je ne manque jamais d'invoquer la grâce divine en faveur du Prophète Muhammad comme mon père me l'a appris : « Seigneur ! Accordez Votre grâce à notre maître Muhammad, Votre serviteur et Votre envoyé, et à sa famille et à ses compagnons. » Mais j'y ajoute une invocation pour Sidna Aissa : « Accordez aussi votre grâce à notre maître Jésus. »

Muhammad, ce méconnu

PAR CHRISTIAN DELORME

Si je n'avais pas rencontré, durant toutes ces années, tant de familles musulmanes chez qui la seule évocation du nom du Prophète Muhammad suscite des paroles de bénédiction et des sentiments d'intense affection, sans doute ne me serais-je pas inquiété de mieux connaître celui par qui l'islam est arrivé au monde. Car si un musulman peut difficilement ignorer et se désintéresser totalement de la personne de Jésus dont parle avec chaleur le Coran, toute la construction théologique chrétienne, en revanche, peut ignorer Muhammad, dont l'apport est postérieur à la Révélation chrétienne. Ainsi, le Prophète de l'islam n'a pas, si l'on peut dire, la chance de Jésus. Autant le premier est à peu près connu, en Occident et dans une grande partie du monde, sous un jour favorable, celui d'un homme bon qui a dénoncé la violence et en a été la victime, autant Muhammad est regardé par la majorité des non-musulmans d'une façon très péjorative, qui correspond à l'image d'obscurantisme souvent associée, en Occident, à l'islam. Y compris chez des gens que l'on pourrait croire cultivés, il est méconnu et caricaturé.

Une des principales causes de cette méconnaissance réside probablement dans le fait que, durant des siècles, le monde chrétien s'est efforcé de déconsidérer l'islam et son Prophète qui venaient contester le christianisme en tant qu'accomplissement définitif de la Révélation. Au Moyen Age latin, on présente Muhammad comme un cardinal, Mahon, révolté contre Rome et exilé en Arabie ! Au début du XIVe siècle, le poète italien Dante précipite *Maometto* tout au fond de l'enfer. Quant à Pascal, au XVIIe siècle, sa première Pensée interroge de façon désobligeante : « Qui rend témoignage de Mahomet ? Lui-même. » Et, au nom de la tolérance, Voltaire va écrire plusieurs textes dénonçant le Prophète de l'islam, le qualifiant notamment de fanatique.

Cette vision a été rarement corrigée par d'autres approches, sinon, au XIXe siècle en France, chez un Alphonse de Lamartine et un Victor Hugo. Lamartine écrira : « Jamais homme n'accomplit en moins de temps une si immense et durable révolution. » Aujourd'hui, même dans les milieux les mieux intentionnés, la sympathie pour Muhammad s'avère rare, car le personnage est toujours considéré comme un homme de guerre avant d'être un homme de prière. Et chez les chrétiens les plus ouverts, la tentation est toujours présente de comparer Jésus et Muhammad à partir des sources disponibles, et cela ne va pas sans malentendus.

Un décalage immense existe entre ce que les musulmans connaissent et disent de Muhammad et ce que les autres retiennent du grand prophète arabe, décalage quant au regard porté sur un fondateur de religion qui n'existe pas entre les disciples de Moïse et les autres, ceux de Bouddha et les non-bouddhistes, ceux de Jésus et les non-chrétiens... Or comment prétendre respecter les musulmans si on ne s'efforce pas de respecter celui grâce auquel ils ont reçu le dépôt de leur foi au Dieu unique ? Et pour apprendre à respecter le Prophète de l'islam, il convient de ne pas jeter sur lui un regard seulement extérieur, mais d'entrer aussi dans la vision qu'en ont les musulmans. Pour cela, la lecture d'auteurs musulmans s'impose, même si on peut mettre en relation les récits de ces auteurs avec des biographies du prophète rédigées par des non-musulmans. De même, il faut se mettre à l'écoute des fidèles musulmans qui nous entourent. Si ceux-ci reconnaissent dans Muhammad un véritable homme de Dieu, ce n'est pas sans fondement...

Le chrétien que je suis a eu longtemps, lui aussi, cette fâcheuse tendance à comparer les mérites de Muhammad et de Jésus, qui plus est à partir d'informations très sommaires sur Muhammad. En m'imposant l'effort que je viens de conseiller, mon regard a fini par changer, et je crois que cette approche est la seule qui convienne. Elle est la seule, en tout cas, qui ouvre des chemins de vrai dialogue et de vraie compréhension entre chrétiens et musulmans. C'est pourquoi j'ai choisi de m'attarder un peu sur la personnalité de Muhammad, sachant qu'il est rarement présenté dans sa vérité à un public occidental.

Près de six siècles séparent Jésus et Muhammad, ces deux êtres dont on peut dire aujourd'hui qu'ils ont, chacun, profondément marqué l'humanité. L'un et l'autre ont surgi dans cette terre du Proche-Orient qui avait engendré auparavant Abraham, Moïse et David. Jésus apparaît dans une société juive dominée par une puissance impériale étrangère. Malgré d'insupportables injustices, cette puissance romaine garantit des structures politiques étatiques qui permettent une vie en société. Jésus, de ce fait, tout en dénonçant dans sa prédication les forces de domination quelles qu'elles soient, n'a pas le souci de prôner un autre ordre politique. Surtout, il vient proclamer un autre royaume, un autre ordre de relations entre les hommes qui ne peut que dépasser tous les systèmes politiques, parce que fondé sur le seul pur amour. « Mon royaume n'est pas de ce monde », proclame-t-il, tout en annonçant que, avec lui, il est déjà là, déjà en marche.

Muhammad, lui, va s'affirmer dans une tout autre société. Le Hedjaz, cette longue bande de terre de la péninsule arabique, n'est sous la domination d'aucune des deux grandes puissances internationales de l'époque, Byzance et l'Empire perse sassanide. Il n'y a pas de structure étatique qui régule les relations entre les groupes. On est dans un univers de tribus, de clans familiaux qui se trouvent très souvent en guerre les uns contre les autres. La Mecque, où naît le Prophète et où il va vivre cinquante années de sa vie sur soixante-deux, est une cité au carrefour de deux grandes routes commerciales, la route qui relie le Yémen à la Palestine, et celle qui joint le golfe Persique à la mer Rouge. Ici, l'âpreté au gain a remplacé la solidarité traditionnelle des nomades. Le temple, qui fait également de la ville un lieu de pèlerinage, est entouré de quelque trois cent soixante représentations divines, moins par esprit de tolérance que par intérêt : chaque tribu y retrouvant son dieu, elle est davantage encline à participer à l'économie locale.

Celui qui deviendra le Prophète de l'islam va d'ailleurs faire progressivement la découverte de l'unicité de Dieu dans un milieu qui ne l'y prédisposait pas, alors que Jésus est né dans un monde juif où l'Eternel était unanimement adoré, quand bien même le rapport à la religion n'était pas partout le même. Le grand-père paternel du Prophète, Abd al-Muttalib, chef du clan des Banû-Hachim (les Hachémites) de la tribu des Quoraichites de La Mecque, faisait peut-être partie des rares « croyants originels » qui continuaient de suivre la religion apportée jadis par Abraham. Certaines sources disent que c'était un *hanif*, un ami de Dieu, et qu'il sut transmettre à son petit-fils la foi au Dieu unique. D'autres chroniqueurs disent, en revanche, qu'il associait d'autres dieux au Dieu d'Abraham, et ils rapportent une histoire où le Prophète Muhammad déclare aux chefs de La Mecque que son grand-père s'est retrouvé en enfer. Ce qui est certain, c'est que l'environnement ne favorisait pas le monothéisme.

La vie de Muhammad commence dans l'épreuve. Il naît orphelin en 570 après Jésus-Christ. Son père, Abdallah, est mort peu avant sa naissance, au retour d'une expédition commerciale. Et quand il a seulement six ans, c'est sa mère, Amina, qui décède prématurément, rejointe presque aussitôt par le grand-père Al-Muttalib. Pris en charge par son oncle paternel Abû Tâlib, Muhammad grandit dans un milieu qui bénéficie d'un certain prestige parmi les clans de La Mecque, mais qui n'est pas pour autant fortuné.

L'adolescence de Muhammad ne nous est pas plus connue que celle de Jésus. Il semble que, vers l'âge de quinze ans, il se trouve mêlé à un affrontement militaire occasionné par une violation de la trêve de Dieu qui interdisait la guerre pendant quatre mois de l'année dans la région englobant La Mecque, Tâ'if et Médine. Un oncle de Muhammad, en effet, avait participé à la restauration d'un ordre de chevalerie chargé de faire respecter cette trêve.

Jeune homme, Muhammad se retrouve commerçant, comme nombre de Mecquois. Très vite il se fait remarquer par sa grande honnêteté, au point qu'on le surnomme l'« Amin », l'« homme sûr » (*amin*, en arabe, *amen*, en hébreu, signifient : « C'est sûr ! »). Devenu l'homme de confiance d'une riche veuve de la ville, Khadidja, de la tribu d'Asad... il finit par l'épouser. Il a alors vingt-cinq ans, et son épouse quarante.

Durant quinze années, Muhammad, qui n'a pourtant pas reçu d'instruction, va faire prospérer les affaires de Khadidja, conduisant de nombreuses caravanes à travers le désert et devenant à son tour un homme fortuné. Mais il se révèle que ni le pouvoir ni la fortune ne l'intéressent. Manifestement apprécié par les divers clans de La Mecque, il ne cherche pas à prendre de l'ascendant sur quiconque.

Muhammad a une nature mystique. Ses voyages à travers la péninsule arabique et, peut-être, au-delà, en Abyssinie, lui permettent de contempler la grandeur et la beauté de la terre, de la mer et des cieux. Ils lui font rencontrer, également, des croyants juifs et chrétiens qui le renforcent dans sa foi au Dieu unique, même s'il est négativement impressionné par les divisions existantes entre chrétiens. Se réclamant de différentes Eglises, s'excommuniant mutuellement, ceux-ci, de fait, professent des dogmes très différents, particulièrement en ce qui concerne la nature de Jésus-Christ. Complètement homme et complètement Dieu, cela en une seule personne comme disent les Byzantins et ceux qui les suivent ? Porteur de deux natures séparables, de deux personnes, l'une humaine et l'autre divine selon les nestoriens et d'autres communautés qui prennent leurs distances par rapport aux chrétiens de culture grecque ? Complètement homme et pas du tout de nature divine, comme l'affirment les partisans d'Arius, prêtre révolté du IVe siècle ?

Est-ce un reste de la religion abrahamique ? Les hommes bien nés de La Mecque, à un certain âge, ont pour coutume de se retirer un mois par an dans les collines qui surplombent la ville. Là ils méditent, jeûnent, se régénèrent. Le grand-père de Muhammad observait scrupuleusement ce mois de retraite, Muhammad va suivre son exemple. C'est ainsi qu'il va être saisi par la Révélation, lors d'une retraite qu'il effectue sur le mont Al-Hirâ alors qu'il a atteint l'âge de quarante ans. On a établi que l'événement s'est passé en l'an 610 de l'ère chrétienne et les circonstances nous sont connues.

Muhammad est couché, enroulé dans son manteau. Soudain, une créature vêtue de blanc et enveloppée d'un nuage de lumière lui apparaît. Lui tendant une étoffe de soie sur laquelle est écrit un texte en lettres d'or, elle lui ordonne : « Lis ! » Muhammad répond qu'il ne sait pas lire. L'ange l'empoigne par les épaules, le serre et lui ordonne pour la deuxième fois : « Lis ! » Muhammad répond de nouveau qu'il ne sait pas lire. La violence de l'ordre, accompagnée d'une étreinte physique, s'accroît encore : « Lis ! » Muhammad demande : « Que faut-il lire ? » L'ange, qui a tellement serré Muhammad que celui-ci a cru qu'il allait mourir, le libère de son étreinte et déclare :

« Lis ! au nom de ton Seigneur qui a créé !

Il a créé l'homme à partir d'une adhérence [un caillot de sang].

Lis ! de par ton Seigneur le Très-Généreux, qui a enseigné avec la plume [le calame].

... A enseigné à l'homme ce qu'il ne savait pas. »

Alors Muhammad répète ce qu'a dit l'ange et qui est devenu le début de la sourate 96 du Coran. Pendant qu'il récite, il lui semble, témoignera-t-il par la suite, que les lettres d'or se gravent dans son cœur. « J'étais debout, raconta-t-il, mais je tombai à genoux. Puis je m'éloignai, les épaules tremblantes. » Mais à peine fait-il quelques pas pour retourner chez lui qu'une voix venant du ciel le rappelle : « O Muhammad ! Tu es l'apôtre de Dieu, et moi je suis l'ange Gabriel. »

Muhammad est écrasé. Comme tous les grands mystiques qui ont fait l'expérience d'un contact direct avec le divin, il ressent une impression de violence, d'étranglement, de suffocation. Surtout, il y a le doute : Et si ce n'était pas Dieu qui s'était manifesté à travers l'ange ? Si tout cela venait de son imagination ou de puissances démoniaques ?

Pendant les vingt-trois années qui vont suivre et durant lesquelles les 6 238 versets du Coran vont lui être délivrés, Muhammad n'éprouvera plus de doute sur la véracité de l'intervention divine. Mais après la première manifestation, il ne sait plus où il en est, et c'est son épouse Khadidja qui va lui permettre de sortir de la confusion. Elle fut la première à croire que Dieu avait bien parlé à Muhammad, ce qui lui vaudra, par la suite, le titre de Mère des croyants. Muhammad n'oubliera pas cette femme à qui il ne pourra jamais comparer une autre femme, si belle, si jeune, si intelligente fût-elle. Elle fut, d'ailleurs, la seule à lui donner une descendance.

Toutes les révélations que Muhammad a reçues lui ont été données dans la douleur. Tous les témoignages de ses compagnons le disent : « Quand la révélation lui venait, il restait assommé un moment comme s'il était intoxiqué ou hypnotisé. » Ou : « Si la révélation lui venait même un jour de très grand froid, on le voyait transpirer du front abondamment. » Ou : « Un jour que la révélation était sur le point d'arriver, il rentra sa tête dans son manteau et voilà que le visage du Prophète était devenu rouge et il ronflait ; puis cet état s'en alla. » Ou : « Le visage du Prophète était congestionné et il gémissait. » Ou : « Quand la révélation lui venait nous entendions près de lui un bourdonnement comme le bourdonnement des abeilles ou le tintement des cloches. Ce bruit était très pénible au Prophète. » Ou : « Le Prophète éprouvait une dureté tuante lors de la révélation et il remuait ses lèvres, ou bien il remuait sa tête comme s'il essayait de comprendre. »

Mais avant cette succession de révélations, la première rencontre de Muhammad avec Dieu, dans la Nuit du destin de l'an 610 de l'ère chrétienne (la nuit du 26 au 27 du neuvième mois de l'année lunaire des Arabes), est suivie de trois années de silence de Dieu, ce qui est pour le mystique une épouvantable épreuve. Pendant trois ans, c'est *el fatrah*, « un trou », dit la tradition musulmane. Muhammad sollicite instamment la délivrance de nouveaux messages divins, mais rien ne vient. A plusieurs reprises, en raison de ce silence, Muhammad est pris du désir de mourir, comme cela était arrivé à Moïse et à Jonas. « Il partait de bonne heure pour les sommets de la montagne avec l'intention de se précipiter en bas, raconte l'historien Tabari dans ses *Annales*. Mais à chaque fois qu'il parvenait au sommet de la montagne, l'ange Gabriel lui apparaissait et lui disait : "Muhammad, tu es le prophète de Dieu !" Alors son inquiétude cessait et il redevenait vraiment lui-même. »

Durant toute cette période, l'ange, que le Coran appelle *Er Rouba*, le pur Esprit, est heureusement là pour redonner du courage à Muhammad. Et puis il y a – enfin – le don de nouveaux versets, et la Révélation ne s'arrêtera plus jusqu'à la mort du Prophète.

« Ta fin sera certainement meilleure que ton début.
Ton Seigneur te donnera sûrement de quoi te satisfaire.
Ne t'a-t-Il pas trouvé orphelin et ne t'a-t-Il pas assuré le gîte ?
Et, t'ayant trouvé perdu, Il t'a mis sur la bonne voie.
T'ayant trouvé dans le besoin, Il t'a enrichi.
L'orphelin, quant à lui, ne l'opprime pas.
Quant au mendiant, ne le repousse pas avec violence.
Et quant aux bienfaits de ton Seigneur, laisses-en apparaître les bons effets. »
(Coran 95, 4-11)

Durant la période qui sépare la délivrance des premiers versets et celle où la révélation va avoir lieu sans discontinuité, Muhammad communique à ses proches le message reçu, mais cette communication conserve une dimension privée. En revanche, après la période du silence de Dieu, le fils d'Abdallah est appelé à prêcher en public. Le voilà institué avertisseur, mais aussi messager d'une loi écrite. La première révélation avait déclaré que Dieu est le Créateur de tous, qui a généreusement prévu tout ce qu'il faut pour tout le monde, en particulier en donnant à l'homme la faculté d'apprendre et de transmettre par le moyen de la plume. Dès le deuxième message sont enseignés, en plus de la puissance exclusive de Dieu, les sentiments de bonté et d'humanité, dont le devoir d'aider les pauvres.

Un des aspects les plus étonnants des révélations faites à Muhammad, c'est qu'elles sont dispensées avec parcimonie. Le Coran évoque cette caractéristique : « A ceux qui disent : "Pourquoi n'a-t-on pas fait descendre le Livre en un ensemble unique ?" répondez : "Nous l'avons fait descendre de cette façon afin de renforcer avec lui ton cœur et Nous l'avons récité [par la voix de Gabriel] sur un rythme posé et clair" » (25, 32).

Cette allusion au rythme mérite d'être soulignée. Le Coran, bien entendu, aujourd'hui, se lit et se médite. Mais, plus encore, il se récite, se psalmodie et s'écoute. Le premier biographe de Muhammad, Ibn Is'hâq (un siècle après l'Hégire), rapporte que toutes les fois qu'un fragment du Coran lui était révélé, le Prophète, qui ne sut jamais ni lire ni écrire, le récitait, d'abord devant l'assemblée des hommes, puis devant celle des femmes. Et tout au long des vingt-trois années de révélations, lui et les premiers autres musulmans ne cessèrent de se réciter les versets qui s'additionnaient. Même quand on ne connaît pas l'arabe – c'est le cas de la grande majorité du milliard de musulmans d'aujourd'hui –, la musique du Coran parle au cœur de l'auditeur attentif. Une certaine cadence, l'harmonie des assonances qui animent les versets résonnent en nous.

Une autre dimension impressionnante du Coran, c'est

que ce Livre ne laisse transparaître aucun plan préconçu. Les sourates, détachées les unes des autres, se sont appliquées à des événements qui se sont produits les uns après les autres et qu'il n'était pas possible à Muhammad de prévoir. Il ne s'agit pas d'une œuvre telle que peut la penser un auteur littéraire, mais bien plus d'un jaillissement de paroles. Et tout cela reste harmonieux.

Les premières révélations du Coran parlent surtout de la croyance en un Dieu unique sans aucun associé, sans aucune limite de sa puissance, et de la nécessité pour l'homme de mener une vie droite. Qui a créé l'univers, y compris l'homme ? interroge le Coran. Sûrement pas l'homme, mais le Dieu éternel, le Créateur de tout, qui créa tout de rien, et qui est maître de la vie, de la mort, et par conséquent aussi de la résurrection. S'Il peut créer de rien, ne peut-Il pas créer après la mort, et punir ou récompenser l'homme dans une grande œuvre de résurrection ?

Il est certain que, recevant les versets qui annoncent le jour du jugement dernier, Muhammad est persuadé que ce jour est imminent. Il entrevoit avec une terrible inquiétude pour ses compatriotes ce que le Coran désigne par « le coup » ou « l'heure qui frappe » (101, 1-12). De ce fait, la prédication de Muhammad est dès le début pressante. Il adjure les gens de sa ville natale de se convertir pour échapper au châtiment divin !

La majorité des chefs des divers clans et tribus de La Mecque ne voyaient pas d'un bon œil la prédication de Muhammad. Celle-ci allait à contre-courant de leurs pratiques, où le fort souvent écrasait le faible, où l'enrichissement était devenu la seule préoccupation des puissants, où le culte formel rendu aux forces divines était régi avant tout par des idées mercantiles. Très vite, Muhammad rencontre donc l'hostilité de son environnement, à l'égal de Jésus inaugurant sa mission à Nazareth. Les persécutions s'abattent sur la jeune communauté, provoquant l'assassinat de quelques disciples. Le Prophète lui-même évite de justesse d'être tué par un de ses oncles par alliance. C'est à cette période que se situe l'exil d'un petit groupe de musulmans auprès de l'empereur chrétien d'Ethiopie. Une hospitalité dont la mémoire n'a cessé d'être cultivée dans le monde islamique.

L'année 619 est appelée, dans la communauté musulmane, l'année du chagrin, parce que, en peu de temps, le Prophète perd successivement son oncle Abû Tâlib et son épouse Khadidja. Ils avaient vécu ensemble vingt-cinq années, se soutenant mutuellement. Désormais, Muhammad n'a plus aucune protection à La Mecque. Abû Lahab succède à Abû Tâlib comme chef des Banû-Hachim de la tribu des Quoraichites, et il met très vite à l'épreuve son neveu, parvenant à son exclusion du clan, ce qui équivaut à une mort civile.

Tout paraît bien fini pour le Prophète. Sa communauté semble promise à la disparition. Il tente d'aller se réfugier à la ville de Tâ'if, une cité au climat agréable entourée de riches vergers et de vignes, et située à trois jours de marche de La Mecque. Mais quand il vient demander asile, il se fait chasser. Désespéré, il lance cette prière à Dieu : « Seigneur ! Je me plains à Toi de ma faiblesse, du manque de mes moyens, du mépris des gens. Toi, le Compatissant sans égal, le Dieu des opprimés, Tu es mon Seigneur. Me laisseras-Tu me fier à un étranger hostile ou à un ennemi que Tu as rendu maître de moi ? S'il n'y a pas de ton courroux sur moi, alors point de peine. Mais ta sauvegarde m'est plus salutaire. Je me réfugie en la lumière de Ta Face qui a dissipé les ténèbres et qui régit les lois du monde et de la Vie dernière contre ton courroux. Je ne cesserai d'œuvrer jusqu'à ce que Tu sois satisfait. Il n'y a de force et de puissance qu'en Toi. »

Le ton de l'imploration comme la confiance qui la conclut rappellent les psaumes davidiques. Est-ce cet abandon entre les mains de Dieu qui explique la nouvelle grande expérience mystique que va faire, en cette période de déréliction, le Prophète ? La dixième année de sa mission, en 620, l'Envoyé trouve, en effet, la consolation après trois ans d'épreuves, dans un voyage nocturne et une ascension. Durant le septième mois de l'année lunaire, dans un état intermédiaire entre le sommeil et la veille, Muhammad se trouve transporté, sur une monture à tête de femme et à corps de jument nommée El-Buraq, de La Mecque à Jérusalem, en passant par Hébron, localité où se trouve le tombeau d'Abraham, et Bethléem, village de naissance de Jésus, cela en quelques heures. Puis il est emmené de Jérusalem jusque « plus haut que la maison des anges », au sommet des cieux, à « deux arcs » du siège de Dieu. Durant cette montée dans les cieux, il rencontre Adam, puis Jean-Baptiste et Jésus, puis Joseph, fils de Jacob, et Idris – identifié au prophète biblique Hénoch –, puis Moïse et son frère Aaron. Avec chacun il s'entretient, Dieu lui parle, et quand il redescend, il revient avec douze commandements, très proches de ceux qui avaient été délivrés à Moïse au mont Sinaï. Il rapporte, également, l'obligation des cinq prières quotidiennes.

Quelles qu'aient été les conditions exactes de cette

expérience mystique, Muhammad en ressort régénéré, fortifié. Tel Moïse appelé à réunir ses forces pour libérer son peuple, Muhammad sait qu'il doit rassembler ses fidèles et partir avec eux pour l'exil. Voilà pourquoi le moment où le Prophète et ses compagnons entreprennent leur migration – l'Hégire – est devenu le point de départ du calendrier musulman. C'est le temps d'un abandon à la volonté de Dieu. « Nul n'est prophète en son pays ! » avait dû constater Jésus. Muhammad à son tour est chassé de sa patrie. Mais c'est pour susciter une nouvelle communauté. Et il part pour revenir un jour.

A trois cent cinquante kilomètres au nord de La Mecque, se trouve une grande oasis, Yathrib. Cette cité est habitée par cinq grandes tribus : trois tribus juives, sans doute des Arabes convertis au judaïsme, composées pour deux d'entre elles d'agriculteurs, et deux tribus arabes qui ont l'essentiel du pouvoir, les Aws et les Khazraj. En 617, les chefs des tribus arabes se sont entre-tués, et l'oasis vit dans une grande instabilité politique. Le besoin d'un rassembleur et d'un pacificateur se fait profondément sentir. Les chefs arabes de Yathrib ont entendu parler de Muhammad. Ils connaissent sa réputation de prophète, et leurs relations avec les tribus juives qu'ils dominent leur ont appris qu'une société n'est stable que par référence à une loi qui la transcende. Alors, pourquoi ne pas demander à Muhammad d'être leur fédérateur ?

Après avoir bien réfléchi et interrogé son Seigneur, après avoir obtenu la conversion à l'islam des envoyés de Yathrib et exigé d'eux des serments d'allégeance, Muhammad accepte, en 622, de partir pour ce qui va devenir Al-Madinat al-Nabi, Médine, « la ville du Prophète ».

La période médinoise de la vie du Prophète va durer dix ans. L'« Apôtre de Dieu », comme l'appellent le Coran et les musulmans, va devenir alors chef politique en même temps que religieux. En lui, on pourra déceler à la fois du Moïse et du David, du Josué et du saint Paul. C'est l'époque durant laquelle il va, en même temps, établir les doctrines et les pratiques de la nouvelle religion, propager la foi monothéiste parmi les tribus arabes païennes, mener de nombreuses expéditions militaires et idéologiques contre les Mecquois et contre d'autres tribus arabes ou non, et créer une société islamique dotée de systèmes politique, juridique et économique. Durant ces dix années, l'islam va devenir une révolution sociale, une politique et va acquérir une légitimité. Tout sera mis en place pour que cette civilisation se propage, presque à la vitesse de l'éclair, dans une grande partie du monde.

Ceux, parmi les Mecquois, qui ont suivi Muhammad et qui sont devenus les « émigrants », les gens de l'Hégire, de la rupture-exil, sont, pour la plupart d'entre eux, des jeunes gens qui ont pu rejeter grâce au Prophète du Hedjaz un ordre social qui leur pesait. Plusieurs sont des esclaves affranchis, comme Zaïd, un jeune homme que le Prophète considère comme un fils, ou encore comme le Noir Bilal, devenu le premier muezzin, le premier appelant à la prière. La plupart sont des personnes de condition modeste qui ont trouvé dans le message égalitaire du Coran (tout homme est égal à un autre devant Dieu, quel que soit son statut dans la société) une espérance. Et puis il y a la famille proche du Prophète, en particulier sa fille chérie Fatima et son jeune cousin germain Ali. Fils d'Abû Tâlib, Ali avait été un des premiers à se convertir à l'islam, alors qu'il avait entre sept et dix ans seulement. Il deviendra, quelques années plus tard, l'époux de Fatima, fille du Prophète. On trouve encore parmi les exilés un autre oncle par alliance de Muhammad, l'attachant Hamza, qui a fini par embrasser la nouvelle religion autour de l'an 616.

L'oasis de Yathrib-Médine est, à l'époque, composée de plusieurs villages ; elle compte environ dix mille habitants. Les expatriés y sont, dans l'ensemble, bien accueillis, ils ont cependant du mal à s'adapter au climat plus humide que celui du désert auquel ils sont habitués.

Cinq mois environ après son arrivée, le Prophète convoque une grande assemblée de tous les chefs de familles arabes, mecquois et médinois. Il leur propose une solution concrète, qui témoigne de son génie, pour faciliter l'intégration des nouveaux arrivants : chaque chef de famille médinois un peu fortuné doit prendre en « parrainage » une famille d'exilés. Les hommes des deux familles deviennent ainsi frères contractuels, ils travaillent en commun et partagent les gains jusqu'à pouvoir hériter de l'autre. Ainsi se retrouvent immédiatement associés cent quatre-vingt-six chefs de famille mecquois avec autant d'hommes de l'exil. Grâce à cette fraternisation, les nouveaux venus vont pouvoir être très rapidement intégrés dans l'économie de Yathrib. Quand des expéditions militaires seront organisées, le Prophète enrôlera dans son armée un des deux confrères, l'autre restant à la maison et se chargeant des deux familles.

Toutefois, il y a des résistances à l'installation du Prophète à la tête de Yathrib. Dans les premiers temps, les convertis à l'islam ne dépassent pas les mille cinq cents âmes, ce qui signifie que la majorité des Arabes restent polythéistes. Quant aux juifs, ils constituent bien la moitié de la population, et leur déjà vieux monothéisme leur fait regarder avec circonspection la prédication de Muhammad pour le Dieu unique qu'ils estiment connaître depuis longtemps. Certains des Arabes qui se sont convertis à la religion de Muhammad l'ont fait, aussi, par opportunisme, et ils sont prêts à revenir sur leur adhésion. En raison de cette situation, des groupes hostiles au Prophète vont se développer, qui sont cités par le Coran : les « associants » (ou « associateurs » : les polythéistes), les « hypocrites » (ceux qui ont adhéré à l'islam du bout des lèvres et par intérêt) et les juifs (dont l'hostilité à Muhammad va être progressive).

Une des premières grandes préoccupations du Prophète est de consolider la communauté musulmane de Yathrib. Il faut définir les droits et les devoirs respectifs du Prophète et de ses fidèles. Il faut s'entendre avec les non-musulmans, Arabes et Juifs de la cité. Il faut organiser la vie collective, la doter d'outils judiciaires, financiers, militaires, économiques, religieux, pour l'éducation. Pour assurer l'observation de la moralité publique, il s'avère notamment nécessaire d'instaurer des sanctions temporelles. Muhammad se trouve dans la même situation que Moïse et David, appelé à exercer à la fois le pouvoir temporel et spirituel. Le Prophète ne se donne pas de titre de roi. Mais, après une large consultation de ses fidèles et de ceux qui se déclarent leurs alliés, il décide que Yathrib doit se constituer en cité-Etat. Ainsi naît le premier Etat musulman. Une loi constitutionnelle est rédigée, dont le texte a, par bonheur, été conservé intégralement, la Constitution de Médine. Celle-ci représente une des premières constitutions écrites connues de l'histoire humaine. Elle se compose d'une cinquantaine d'articles qui érigent la communauté musulmane en une entité distincte en face du monde tout entier, qui affirment que Dieu est la source unique des lois et de la justice et que Son envoyé, Muhammad, est l'arbitre suprême, et qui donnent de nouvelles bases à l'existence des tribus et à leurs relations entre elles. Un article spécial laisse aux juifs la porte ouverte pour entrer dans cette organisation politique sur la base de l'aide mutuelle et de la justice pour tous. Les chrétiens ne sont pas évoqués, car ils n'existaient pas en tant que groupe à Médine.

La Constitution de Médine fait aussi une large part aux obligations militaires. Car la cité de La Mecque, pour qui Muhammad ne va cesser de nourrir de tendres sentiments, n'accepte pas l'asile que Yathrib-Médine a donné aux fugitifs. Des courriers sont envoyés par les chefs mecquois aux chefs des tribus arabes converties de Médine, leur reprochant cette attitude. Et les Mecquois, qui dominent alors le commerce international de l'Arabie, vont prendre des mesures de rétorsion économique contre Médine, entravant, semble-t-il, la circulation des caravanes médinoises. Voilà pourquoi le Prophète va se lancer dans des expéditions militaires, les premières voulant interdire aux Quoraichites de traverser la zone d'influence islamique, les suivantes ayant pour objectif de détruire le commerce mecquois et d'amener La Mecque à rémission.

Ce rôle de chef militaire qu'a effectivement joué Muhammad a occulté presque toutes les autres dimensions du personnage. Pourtant Abraham et Moïse ont été eux aussi des chefs de guerre, et la mémoire religieuse de l'humanité semble ne pas leur en avoir trop tenu rigueur. Pourquoi ce reproche fait avec tant d'insistance à Muhammad ? Est-ce parce qu'il est apparu postérieurement au non-violent Jésus ? Mais doit-il nécessairement y avoir une progression évolutive dans le comportement des héros religieux ? Cet autre grand non-violent que fut Siddharta Gautama et qui devint le Bouddha Sakyamuni est apparu au VIe siècle avant Jésus-Christ. Jean-Baptiste ou Jésus devaient-ils nécessairement être nourris de toutes ses qualités pour être eux-mêmes respectables ?

Les premiers biographes musulmans de Muhammad n'ont pas beaucoup contribué, au demeurant, à la prise en compte de tous les aspects de la figure de Muhammad. Habités par une culture où la vaillance guerrière est une qualité masculine indispensable, ils ont eu tendance – notamment Tabari, historien des IXe et Xe siècles de l'ère chrétienne – à donner une place démesurée aux expéditions militaires lancées par Muhammad.

Or quand on regarde les choses avec honnêteté, on s'aperçoit que Muhammad n'a conduit que très peu de vraies guerres. La plupart des expéditions militaires – moins d'une centaine, dont soixante-quatorze en sept ans contre les Mecquois – sont en réalité des actions qui visent à stopper telle ou telle caravane et à s'emparer de ses richesses, cela afin d'affaiblir économiquement l'adversaire. Le nombre des tués s'avère très limité, car même dans le cas de guerres – il y en a eu trois grandes : celle de Badr en 624, celle d'Uhud en 625 et celle des Fossés en 627 – le nombre des hommes engagés reste généralement faible. Contrairement à la Bible qui a eu tendance – par exemple dans le Livre de Josué – à grossir considérablement le nombre des victimes dans les affrontements mettant en scène le peuple juif, cela pour magnifier son courage, et malgré les invraisemblances démographiques que cela comportait, la tradition musulmane, elle, n'a pas cherché à gonfler les chiffres des morts, dans le camp musulman comme dans les camps ennemis. C'est ainsi que les chroniqueurs parlent de soixante-dix morts ennemis à la bataille de Badr, de cinquante à la bataille d'Uhud, et de trois morts durant le siège de la guerre des Fossés. Et les tués musulmans ne sont pas plus nombreux.

Il n'y a pas de guerre propre. Muhammad a été, à certains moments de sa vie, un guerrier, avec tout ce que cela peut comporter d'aspects choquants. Le Coran laisse d'ailleurs deviner les conflits internes que la participation à des combats a pu susciter chez le Prophète. Ainsi lorsque, durant la bataille d'Uhud où les musulmans furent défaits, son oncle aimé Hamza est tué, Muhammad est pris d'un terrible besoin de vengeance. Il se promet de mutiler trente morts quoraichites, en réponse à la profanation que le corps de son oncle a subie. Mais une révélation coranique lui fera abandonner cette intention : « Si vous infligez une punition, n'infligez pas davantage que ce que vous avez souffert ; mais si vous endurez patiemment, ce sera mieux pour celui qui sera patient » (Coran 16, 126). Mieux, Muhammad va interdire expressément les mutilations après chaque combat. Et il recommande à ses guerriers de respecter le visage comme étant la partie du corps qui reflète le mieux l'empreinte du Créateur. Un *hadith* transmet de lui cette parole : « Lorsque l'un de vous frappe un coup, qu'il évite de frapper le visage... car Dieu a créé Adam à Son image » (cité par Ahmad ibn Muhammad ibn Hanbal).

Muhammad, dont il ne faut pas oublier qu'il fut le contemporain du roi franc Dagobert, a toujours vécu dans un univers où les guerres entre tribus étaient courantes, et où la razzia était admise par les Bédouins comme un moyen de survie. Il va transformer progressivement cette habitude de la guerre en ce qui va être appelé *jihâd fi sabîli Llah*, c'est-à-dire la lutte dans le chemin d'Allah. C'est pour faire régner ce qu'il comprend comme la cause de Dieu qu'il utilise avec les siens la traditionnelle coutume de la razzia. Ainsi va-t-il unifier les tribus belliqueuses de l'Arabie, leur donner un ciment qui les soude ensemble et qui va les transformer en bâtisseurs d'empire. A la tête de ses combattants avançant à pied, à cheval ou à dos de chameau, équipés d'armes blanches ou d'arcs, Muhammad n'a été ni le Tartare Gengis Khan, ni le conquérant turc Tamerlan, ni Napoléon Bonaparte à qui l'Europe doit ses premiers grands massacres : la guerre, chez lui, a été toujours limitée à ce qu'il pensait être indispensable pour assurer la vie et l'avenir de la communauté que Dieu l'appelait à réunir. Et ce n'est jamais sa propre gloire, sa renommée à lui, un désir de puissance et de domination qui l'animent.

Avec lui et avec le message coranique qui traite à plusieurs reprises de la guerre, les affrontements militaires trouvent une nouvelle codification. Mais la « lutte dans le chemin d'Allah », le célèbre *jihâd*, n'est pas seulement affaire de combat armé contre des hommes ennemis, c'est, plus encore, un effort mené sur soi-même pour lutter contre ses penchants mauvais. La tradition musulmane, dans la fidélité au Coran et à Muhammad, a toujours affirmé que le combat pour la défense ou dans l'intérêt de la communauté des croyants ne constituait que le petit *jihâd*, le grand effort étant la piété quotidienne. Un jour qu'on lui demandait qui Dieu placerait au rang le plus élevé le jour de la Résurrection, le Prophète répondit : « Celui qui aura invoqué Dieu occupera un degré encore plus excellent que celui qui aura manié l'épée au milieu des infidèles et des idolâtres jusqu'à ce qu'elle soit brisée et ensanglantée » (*hadith* cité par Muhammad ibn 'Isa at-Tirmidhî).

Personnage historique ayant eu une activité politique, militaire et diplomatique importante, Muhammad ne peut pas échapper à une critique *a posteriori* de son action, et les avis ne peuvent que diverger au sujet, par exemple, de sa politique à l'égard des tribus juives de Médine qu'il finira par chasser de sa cité-Etat, ou encore de ses rapports avec les tribus et Etats chrétiens environnants (chrétiens du Yémen placés sous son autorité. Abyssinie, Egypte, Byzance)... Mais il y a plus qu'une nuance entre le fait d'interroger honnêtement l'histoire, et celui d'instruire uniquement à charge, comme on le fait trop souvent en Occident lorsqu'il s'agit du prophète de l'islam.

Ainsi, quand bien même Muhammad ne va avoir de cesse, durant plusieurs années, de conquérir La Mecque qui l'a chassé, il ne va pas, pour autant, chercher à se venger de ses habitants ni même de ses chefs. Quand, en 628, il ressent l'impérieux besoin de se rendre en pèlerinage au sanctuaire construit par Abraham à La Mecque, c'est vraiment en pèlerin et non en guerrier qu'il part avec une troupe de mille hommes. Et il accepte un accord avec les Mecquois – la trêve d'Al-Hudaybiyya – qui ne joue pas tout de suite à son avantage, puisque son entrée dans La Mecque en tant que pèlerin est reportée d'un an. De plus, Muhammad conclut par traité une trêve de dix ans avec les Mecquois. Celui qui est devenu « l'homme fort » de la péninsule du Hedjaz sait faire confiance au temps et il ne se laisse pas dominer par l'envie de mettre à genoux ceux qui l'ont combattu.

Cette attitude, du reste, va être payante, puisque, à la suite d'une rupture de la trêve par une partie des Quoraichites, le Prophète va être amené plus tôt qu'il ne le prévoyait à marcher avec ses troupes sur La Mecque. C'est en janvier 630 que cela se produit. Six mille musulmans prennent en tenaille la ville natale de Muhammad, qui ne compte à l'époque que trois mille résidents. Les combats comme le nombre des tués sont très limités : vingt-huit morts chez les Quoraichites et leurs alliés, cinq morts du côté de l'armée musulmane. La Mecque païenne a vécu ; elle n'oppose presque pas de résistance. Les Mecquois ont compris que l'heure du serment d'allégeance au prophète issu de chez eux a sonné. Et Muhammad accorde son pardon à presque tous ses ennemis, à l'exception de dix d'entre eux qui, par le passé, l'ont sérieusement trahi ou humilié et dont il ordonne l'exécution.

Une fois entré dans la cité, Muhammad se rend aussitôt au sanctuaire de la Ka'ba qu'il vient rendre à l'adoration du Dieu unique. Les idoles qui entourent le temple sont toutes brisées. A l'intérieur, diverses fresques mêlent allègrement les croyances religieuses. Une icône représente la Vierge Marie et l'Enfant Jésus. Toute une tradition musulmane remontant au premier biographe du Prophète raconte que ce dernier ordonna la destruction des peintures, mais qu'il plaça ses mains sur l'icône de la Vierge à l'Enfant pour la préserver. Une peinture montrant Abraham aurait été également sauvée.

La Mecque conquise, les armées du Prophète s'assurent encore la soumission de Tâ'if et de quelques autres cités ou tribus. La solidité des frontières avec l'Empire byzantin – celles de la Syrie – est également « testée » par une expédition militaire. Mais le Prophète peut considérer sa mission accomplie. Dans toute la péninsule arabique, désormais, le Nom du seul vrai Dieu habite les prières des hommes. S'il y a une œuvre à poursuivre, ce sera à ceux qui lui succéderont de le faire. Médine est vraiment devenue sa ville. Il y retourne. C'est là que, après un dernier pèlerinage à La Mecque, il meurt en juin 632 dans les bras de son épouse Aïcha et au milieu des larmes de ses proches compagnons au premier rang desquels le fidèle ami Abû Bakr. Parmi ses dernières paroles, les témoins ont retenu cette action de grâces le concernant : « Parmi les esclaves de Dieu, il en est un à qui Dieu a offert le choix entre ce monde et ce qui est avec Lui, et l'esclave a choisi ce qui est avec Dieu. » Il fit aussi cette déclaration aux siens : « Je vous devance et je suis votre témoin. Votre rendez-vous avec moi est au Bassin (le lac qui marque l'entrée du paradis), qu'en vérité je contemple de l'endroit même où je me trouve. Je ne crains pas pour vous que vous placiez des dieux à côté de Dieu ; mais je crains pour vous ce monde-ci, où vous pourriez rivaliser dans la quête des biens terrestres. »

Ce n'est pas un monarque qui s'éteint en cette année 632, mais un pauvre devant Dieu. Il ne s'est jamais prétendu supérieur aux autres hommes. Il n'a pas cherché à construire un empire pour lui-même. On peut même dire que, dans l'histoire humaine, il est le seul bâtisseur d'un empire qui n'ait revendiqué ni le titre ni le trône d'empereur. Il n'a pas accumulé de richesses personnelles. Ayant toujours eu le souci de vivre dans la plus grande des simplicités, il ne laisse presque aucun bien en héritage aux siens. Et alors qu'il en avait le temps, il n'a pas eu le souci de se donner un successeur de sa préférence. De toute évidence, il n'a pas eu le désir d'être le créateur d'une dynastie, alors que cet orgueil-là lui était accessible. Jusqu'au bout, il a choisi l'abandon dans les mains de Dieu. Si son œuvre devait lui survivre, cela ne pouvait que dépendre de la volonté du Seigneur de l'univers, et non pas de sa volonté à lui, tout prophète bien-aimé qu'il ait été !

Tout au long de son existence, cet homme a connu de lourdes épreuves. Parfois il fait penser à Job, tant sa confiance en Dieu lui fait accepter sans se rebeller d'immenses chagrins. Qu'on songe que cet homme de culture arabe, malgré les bénédictions qu'il était en droit d'attendre du Dieu qu'il servait, n'a pas eu le bonheur d'avoir au moins un fils vivant pour lui survivre ! Tabari dit que sa femme Khadidja lui donna quatre fils qui moururent tous en bas âge, et quatre filles. Une des épouses qu'il eut par la suite, la Copte Mariya, lui donna un garçon, Ibrahim, qui naquit en 629... mais mourut dix-sept mois plus tard. Des larmes coulent le long des joues du Prophète à cette occasion, mais il se ressaisit vite, proclamant : « O Ibrahim ! Nous sommes dans une profonde tristesse causée par ta séparation ; mais nous appartenons à Dieu, et à Lui nous devons retourner. »

Trois de ses quatre filles (toutes nées de son union avec Khadidja), Roqayya, Zainab et Oum Kolthoûm, meurent également en étant encore jeunes. Zainab, suite à un coup porté par un Quoraichite, accouche d'abord d'un garçon mort-né, puis elle décède quelque temps plus tard. Seule Fatima, sa plus jeune fille, qu'il accordera en mariage à son cousin Ali, lui donnera une descendance mâle avec Hassan et Hussein.

Les détracteurs de Muhammad ont souvent dénoncé le grand nombre de femmes, épouses et concubines, qu'il eut. La tradition musulmane, au contraire, se félicite de ce qu'il ait été ardent en amour, ayant « la vigueur de trente hommes », capable d'avoir commerce avec toutes ses femmes dans le seul espace de temps d'un jour et d'une nuit. Un verset du Coran ne stipule-t-il pas : « Vos femmes sont un champ de labour pour vous. Venez à votre champ comme vous le voulez... » ? (22, 223).

La réalité de la vie conjugale et sexuelle du Prophète demande, elle aussi, à être considérée avec mesure. Il fut marié vingt-cinq ans avec Khadidja, et ne connut alors pas d'autre femme qu'elle. C'est ensuite, après la mort de cette femme à laquelle il doit tant, que, à l'image de tous les chefs arabes de son temps, il contracte une succession d'alliances (une quinzaine), et cela pour des motifs très divers. Certaines unions sont, certes, motivées par le désir. Mais la plupart d'entre elles sont des marques de considération que le Prophète offre à tel ou tel clan, telle ou telle personnalité. Ses mariages, comme cela se faisait autrefois et comme la Bible en témoigne en maints endroits, ont souvent été pour Muhammad des moyens de cimenter les groupes qu'il cherchait à réunir sous l'étendard de Dieu. Ce grand nombre d'épouses (il en laissera neuf à sa mort) ne lui simplifiera pas l'existence, et le Coran lui-même fait allusion à des conflits survenus dans cette situation de polygamie. Ainsi lorsque Aïcha, sa préférée après Khadidja, la fille de son ami intime Abû Bakr, est faussement accusée d'adultère, c'est la Parole du Coran elle-même qui va l'innocenter : « Certes, ceux qui ont répandu la calomnie sont un groupe d'entre vous... Lorsque vous colportez par votre langue et que vous prononcez avec votre bouche ce dont vous n'avez aucune connaissance, vous le comptez pour une bagatelle alors qu'auprès de Dieu la chose est d'importance. Si seulement vous aviez dit lorsque vous avez entendu la calomnie : Il ne nous appartient pas d'en parler » (24, 11-17). Les femmes du Prophète bénéficient de beaucoup de considération de sa part, et elles ne sont pas emmurées comme peuvent l'être aujourd'hui les femmes d'Arabie Saoudite ou de l'Afghanistan aux mains des talibans.

Bien entendu, les biographes musulmans du Prophète n'ont cessé, depuis treize siècles, de louer ses mérites. Mais on peut relever que Muhammad n'a jamais prétendu être parfait. Le Coran lui-même le réprimande par un chapitre entier (la sourate 80, intitulée « Il a froncé les sourcils ») parce qu'il n'a pas accordé tout de suite de l'attention à un aveugle qui venait lui demander de lui enseigner la volonté de Dieu, alors qu'il se complaisait avec des « hôtes de marque ».

Aimé de ses compagnons, le Prophète l'est toujours profondément par les musulmans. En lui ils voient un vrai modèle de foi, une lumière dans les moments d'obscurité, un témoin irremplaçable sur la route qui les conduit vers la destinée que Dieu leur offre. Pour des non-musulmans, et particulièrement pour des chrétiens, quelle reconnaissance peut-elle être accordée à cet homme de plus en plus incontournable dans le monde qui est le nôtre ? La tentative que j'ai faite d'apprécier avec honnêteté sa trajectoire permet déjà de dire que Muhammad est un grand témoin de l'histoire religieuse de l'humanité, et que son apport dépasse de beaucoup ce que les musulmans en ont recueilli pour eux-mêmes.

Mais des chrétiens peuvent peut-être aller plus loin. Il y a, d'une certaine façon, un « mystère muhammadien », au sens où ce qu'a vécu ce grand témoin du Dieu unique constitue une sorte de « Révélation parallèle » à la Révélation reçue par le peuple d'Israël puis à travers l'avènement de Jésus. Le chrétien est déçu de ne pas retrouver dans le message porté par Muhammad des éléments essentiels de sa foi : le messianisme, le dessein rédempteur de Dieu, la non-violence et le sacrifice de Jésus. Mais, en même temps, par-delà les dénonciations que fait le Coran de certaines affirmations chrétiennes, il est possible au disciple du Christ de recevoir des lumières complémentaires sur Dieu, sa grandeur et sa miséricorde, dans la méditation de la Révélation transmise par le prophète du Hedjaz.

Sans aller jusqu'à prétendre que Muhammad est à mes yeux un prophète dont j'ai personnellement besoin, j'estime que le titre de prophète peut néanmoins être reconnu par un chrétien au fils d'Abdallah. Le théologien suisse Hans Küng, dans son ouvrage *Le Christianisme et les religions du monde*, pense que cela est possible, dès lors que l'on est d'accord pour dire :

– que les polythéistes de l'Arabie du VIIe siècle ont eu raison d'écouter Muhammad ;

– que, ce faisant, ils se sont élevés au niveau d'une grande religion monothéiste, ce dont ne peuvent que se réjouir les chrétiens ;

– qu'ils ont tous reçu de Muhammad et du Coran une inspiration, un courage et une force incommensurables pour un nouveau départ religieux qui les a conduits vers plus de vérité et plus de connaissance.

Hans Küng relève également que l'Ancien Testament lui-même connaît une grande diversité de prophètes qui n'ont pas tous été de grands saints, et que le Nouveau Testament accepte qu'il y ait place pour des prophètes authentiques après Jésus, ainsi qu'en témoigne la première Epître de Paul aux chrétiens de Corinthe qui parle, à propos des communautés pauliniennes, de prophètes, situés en deuxième place après les apôtres.

En face du personnage de Muhammad, le temps est peut-être enfin venu de ne plus avoir, en Occident et en particulier chez les chrétiens, une attitude défensive, mais bien plutôt de chercher à découvrir en quoi l'itinéraire de cet homme exceptionnel peut nous être profitable dans notre recherche d'être davantage humains et, donc, davantage spirituels.

Un Dieu de miséricorde

PAR RACHID BENZINE ET CHRISTIAN DELORME

Si Dieu est refusé dans nos sociétés, ce n'est pas toujours par insouciance ou par préférence pour des réalités terrestres immédiates perçues comme plus attrayantes. Beaucoup de ceux qui détournent leurs regards du christianisme ou de l'islam le font par révolte contre certaines images de Dieu que donnent à voir par leur comportement, ou que donnent à entendre par leurs discours, certains croyants ou certaines autorités religieuses.

Dieu, certainement, a été et reste souvent présenté de manière caricaturale par ceux-là mêmes qui se veulent ses « défenseurs » – Dieu a-t-il besoin de défenseurs ? Dans l'histoire de nos confessions, de l'Inquisition à la dictature des mollahs iraniens, on voit bien que la peur de Dieu a été souvent l'instrument de pouvoirs religieux et politiques, plutôt que le chemin de la meilleure adoration qui est due au Créateur.

Comment croire en un Dieu qui voudrait avoir à ses pieds des êtres terrorisés, lui vouant un culte non pas à cause de sa splendeur mais par seule crainte de l'enfer ? C'est faire une singulière lecture des Ecritures que réduire Dieu à un dispensateur de récompenses ou de châtiments cruels, et l'homme à un être devant vivre à genoux.

Dans la croyance musulmane comme dans la croyance chrétienne, l'homme a été façonné à l'image de Dieu. Gérant de la Création, il est comme le vicaire de Dieu sur terre. Sa vocation est d'abord d'être reflet du Seigneur des mondes. Un *hadith qodsi* (divin) explique ainsi l'origine de la Création. Dieu dit : « J'étais un trésor caché, j'ai aimé être connu. C'est pourquoi j'ai produit les créatures afin de me connaître en elles. » Et la finalité de l'humanité c'est le paradis, autrement dit le bonheur, et non point l'enfer. S'il y a perdition de l'homme, cela ne peut se faire qu'au déplaisir de Dieu.

Privés pendant des siècles de pouvoir lire par eux-mêmes la Bible dont la connaissance générale était laissée aux clercs, les chrétiens ont longtemps vécu dans l'ignorance de textes sublimes. Ainsi ces citations de livres prophétiques, qui parlent de l'amour de Dieu pour son peuple : Isaïe : « Tu as du prix pour Moi [dit Dieu à son peuple], et Moi, Je t'aime » (43, 4). – Isaïe encore : « Une femme oubliera-t-elle son enfant ? Même s'il s'en trouvait une pour l'oublier, Moi Je ne t'oublierai jamais. Regarde. Je t'ai gravé sur la paume de mes mains » (49, 15). – Isaïe toujours : « Comme un jeune homme met sa joie en celle qu'il aime, Ton Dieu met sa joie en toi. » – Et Jérémie : « D'un amour éternel Je t'ai aimé ! »

Oui, éternel est l'amour de Dieu : il n'a pas de fin. Le croyant au Dieu de la Bible peut légitimement croire que Dieu est prêt à aller chercher sa créature jusqu'en enfer. Conviction à laquelle invitent tout particulièrement les Evangiles, eux qui répètent que le Christ est venu sauver ce qui était perdu : « Ce ne sont pas les bien portants qui ont besoin de médecin, mais les malades. Allez donc apprendre ce que signifie : "C'est la miséricorde que je veux et non le sacrifice". En effet, je ne suis pas venu appeler les justes mais les pécheurs » (Matthieu 9, 12-13).

Dans le Coran, même si l'insistance mise sur l'amour de Dieu pour ses créatures semble moins forte, elle y est néanmoins présente. L'expression « Dieu est aimant » est employée deux fois seulement dans le Coran (11, 90 et 85, 14), mais quarante et une fois est utilisé le verbe aimer à l'adresse de ceux qui sont bienfaisants. « Dieu fera bientôt venir les hommes ; Il les aimera et eux aussi l'aimeront » (Coran 5-54). Surtout, le Coran revient à tout moment sur l'immense miséricorde de Dieu. A l'exception d'une seule, toutes les sourates du Livre commencent par : « Au nom de Dieu le Clément, le Très-Miséricordieux ».

Les passages sont multiples qui soulignent ce pardon que Dieu aime à dispenser, car le Seigneur des mondes est fondamentalement enclin à absoudre (*ghafur* : le mot revient quatre-vingt-onze fois dans le Coran) : « Il est [Dieu], en vérité, celui qui vient sans cesse vers le pécheur repentant » (60, 3). – « O vous les croyants ! Revenez à Dieu avec un repentir sincère. Il se peut que votre Seigneur efface vos fautes et qu'Il vous fasse rentrer dans les jardins où coulent les rivières, le jour où Dieu ne couvrira de honte ni le Prophète ni ceux qui auront cru en lui » (66, 8). – « Qui donc désespère de la miséricorde de son Seigneur, sinon ceux qui sont égarés ? » (15, 56). – « O mes serviteurs ! Vous qui avez commis des excès à votre propre détriment, ne désespérez pas de la miséricorde de Dieu. Dieu pardonne tous les péchés. Oui, il est celui qui pardonne : Il est le Miséricordieux » (39, 53). – « Ceux qui reviennent à moi, qui se corrigent et font connaître la vérité aux autres ; à ceux-là je reviendrai aussi car j'aime à revenir vers un pécheur converti, et je suis miséricordieux » (2, 155).

Les clercs de toutes les religions et un certain nombre de dévots ont souvent la fâcheuse tendance à être plus royalistes que le roi, plus « juges divins » que le Grand Juge. Jésus s'est attaqué vertement aux gardiens de la Loi pour cette raison : « Ils lient de pesants fardeaux et les imposent aux épaules des gens, mais eux-mêmes se refusent à les remuer du doigt » (Matthieu 23, 4).

Qui sont-ils ces hommes qui s'arrogent le droit de condamner à la lapidation la femme accusée d'adultère, en Iran ou en Arabie Saoudite ? N'ont-ils jamais péché eux-mêmes ? Et que sait-il de la beauté de leur amour comme de la réalité de leur foi, ce prêtre d'une paroisse catholique française qui éconduit deux jeunes venus demander le baptême pour leur enfant, au motif qu'ils ne sont pas mariés ? Comment, aussi, dans cette même Eglise catholique, peut-on brutalement rejeter de la table de communion la femme ou l'homme divorcé dont on ne sait rien de l'histoire probablement douloureuse ?

Parmi les jeunes musulmans de nos quartiers sensibles, certains, qui ont trouvé depuis peu le chemin de la mosquée, croient pouvoir dicter aux autres ce qu'il convient de faire ou non. « C'est comme ça qu'il faut faire la prière, mon frère : les bras le long du corps à tel ou tel moment », ne craindront-ils pas d'expliquer à un vieil ouvrier qui prie depuis presque toujours.

Dans une rencontre islamo-chrétienne à laquelle nous participions, une femme encore jeune, divorcée et mère d'un garçon de dix ans, crut pouvoir avouer son agnosticisme qu'elle expliquait par tous les rejets de « musulmans pieux » dont elle avait été victime. Le responsable musulman local qui était là ne sut malheureusement pas lui répondre autrement qu'en la traitant de femme de mauvaise foi. C'était ignorer le chemin que cette femme était prête à accomplir. Si elle se trouvait à cette rencontre, c'est bien qu'elle était en recherche. Or Dieu peut-Il mépriser ceux qui sont en recherche ? Cette femme attendait manifestement de rencontrer des gens qui la comprendraient et l'aideraient. Mais ce jour-là, elle n'a rencontré, une fois de plus, qu'un juge.

Au vrai, enseigne le Coran, « Ne te tords point la lèvre de dédain pour les hommes ; ne marche point fastueusement sur la terre, car Dieu hait tout homme arrogant, glorieux » (31, 17). Aujourd'hui plus encore qu'hier, nous savons combien une existence d'homme ou de femme est difficile à vivre. Chacun, chacune porte souvent en soi de lourds fardeaux liés à son enfance ou à ses expériences affectives. La plupart des gens sont blessés, et malgré les efforts de savoir-vivre, les masques et les artifices, on n'est jamais dans l'idéal. Comment exiger d'un être qu'il affiche dès aujourd'hui les signes de la perfection ? Comment lui refuser d'être un individu en devenir, plein de promesses malgré peut-être les handicaps du présent ?

Mourad a trente-six ans. Tunisien de Paris, il mène depuis l'âge de quinze ans l'existence d'un prostitué, seul moyen qu'il a trouvé, à une époque, pour vivre son orientation homosexuelle. Bien des fois, supportant mal sa marginalisation, sa solitude profonde et le sordide du milieu dans lequel il évolue, il a été sur le point de craquer, de choisir le suicide. Mais, dit-il, « Dieu est celui qui me sauve. Je sais que ma vie n'est pas en règle avec ses lois, mais je ne doute pas qu'Il m'aime. Il sait, lui, ce qu'il y a au fond de mon cœur et Il me pardonne. » Dans l'univers de ses relations, Mourad est un homme de bien. Plusieurs de ses connaissances sont mortes du sida, et il est lui-même à présent gravement malade. Ses amis à l'agonie, il ne les a pas laissés tomber, il a pris soin d'eux. Dans certains royaumes ou républiques islamiques, Mourad serait mis à mort. Pourtant qui, sinon lui, connaît et témoigne mieux de la miséricorde de Dieu ? Qui a le plus confiance en Dieu ?

La tradition musulmane affirme, au demeurant, que les grands péchés peuvent être effacés par les sentiments de bonté qui peuvent envahir le cœur des pécheurs, même si le bénéficiaire est... un chien ! Ainsi ce *hadith* rapporté par Muslim : « Voyant un jour de grande chaleur un chien qui tournait autour d'un puits, la langue pendante de soif, une prostituée enleva sa chaussure et le fit boire dedans. Dieu lui a alors pardonné ses péchés. »

Mourad passe beaucoup de temps devant son écran de télévision, regardant et regardant des cassettes qu'il aime. Parmi elles, des films religieux : *Le Messager*, consacré au Prophète de l'islam, et *Thérèse*, qui évoque la petite sainte catholique de Lisieux. Et puis des émissions enregistrées de sœur Emmanuelle, l'ancienne protectrice des chiffonniers du Caire que Mourad admire tant et qu'il a pu récemment rencontrer et embrasser en banlieue parisienne.

Le Coran, comme la Bible, assure que « Dieu n'impose à chaque homme que ce qu'il peut porter » (Coran 2, 286). Certes il y a des situations de péché, mais la responsabilité de chacun est liée à son histoire personnelle, toujours mystérieuse. Et Dieu sait mieux que personne ce qu'il y a dans le cœur de chacun : « Dieu sonde les reins et les cœurs », dit la Bible.

Les prisons sont pleines de... chercheurs de Dieu. Faisant l'expérience de la détresse, quels que soient les délits ou crimes qu'ils ont pu connaître, des hommes et des femmes, souvent jeunes, s'interrogent sur leur destinée et tournent leurs regards vers Dieu. « Dieu, viens à mon aide ; Seigneur, à notre secours ! » s'écrient-ils, reprenant, sans le savoir, les paroles d'un des plus beaux Psaumes. Nombreux sont les prisonniers qui demandent à pouvoir disposer d'une Bible ou d'un Coran, et qui réclament de pouvoir rencontrer un aumônier qui leur communiquera un peu de la consolation divine. On observe cependant aujourd'hui, sur tout le territoire français que, si les aumôneries catholiques, protestantes et israélites arrivent à répondre plutôt bien aux appels qui leur sont adressés, en revanche les « aumôneries musulmanes » ne parviennent pas à se mettre en place.

Pour le chrétien, la miséricorde divine trouve sa totale manifestation dans la mission de Jésus qui n'a de cesse de se porter au-devant de ceux qui sont dans la souffrance. Le cœur débordant d'amour et de compassion, celui-ci signifie à tous ceux et à toutes celles qu'il rencontre que tout est toujours possible, que chacun peut « naître une deuxième fois », et qu'il ne faut jamais désespérer de la miséricorde de Dieu... à défaut de pouvoir se fier à la miséricorde des hommes. Quel lecteur attentif des Evangiles peut croire le contraire ? Qui ne se sentira pas lui aussi « cueilli », tiré hors de ses handicaps et de son péché en méditant sur les récits où Jésus

UN DIEU DE MISÉRICORDE

relève le paralytique, rend la vue à l'aveugle, sauve la femme adultère de la lapidation ?...

La miséricorde et le pardon sont si importants dans la Révélation chrétienne que, lorsque Jésus apprend à ses disciples à prier, il leur fait dire, dans ce qui est devenu le Notre-Père : « Pardonne-nous nos offenses comme nous pardonnons à ceux qui nous ont offensés. » Ainsi, nous apprend Jésus, la clémence, le pardon sont tellement essentiels pour Dieu que Lui-même nous pardonnera – autrement dit, nous jugera – à la mesure dont nous aurons su pardonner nous-mêmes. « Votre Père est plein de bonté ; soyez donc bons comme lui. Ne vous posez pas en juges d'autrui, et vous ne serez pas vous-mêmes jugés. Gardez-vous de condamner les autres, et, à votre tour, vous ne serez pas condamnés. Pardonnez, et vous serez vous-mêmes pardonnés. (...) Pourquoi vois-tu le brin de paille dans l'œil de ton frère et ne remarques-tu pas la poutre qui est dans le tien ? » (Luc 6, 36-37 et 6, 41).

La méditation et la « manducation » des versets du Coran (les paroles coraniques, pour le musulman, sont reçues comme une vraie nourriture) peuvent conduire à la même attitude de compassion. Dieu aime ceux qui font miséricorde et sa miséricorde leur est alors acquise. Omar Ibn al-Khattâb rapporte ceci : « On apporta un groupe de captifs auprès de l'Envoyé de Dieu [Muhammad]. Une femme du groupe, dont les seins débordaient de lait, se mit à se déplacer au milieu des captifs. Chaque fois qu'elle trouvait un petit enfant elle le prenait dans ses bras, le serrait contre sa poitrine et l'allaitait. En la voyant, l'Envoyé de Dieu – que Dieu lui accorde la grâce et la paix – a dit à ses compagnons : Pensez-vous que cette femme jettera son enfant au feu ? Ils ont dit : Non. Par Dieu ! Elle ne peut le jeter au feu. Il a dit : Sachez que Dieu est plus miséricordieux envers ses serviteurs que cette femme envers son fils » (dans les *hadiths* d'Al-Bukhâri).

C'est avoir une piètre idée de Dieu que de croire que le Dieu de miséricorde ne l'emporte pas sur le Dieu punisseur. Dans les quatre-vingt-dix-neuf noms que l'islam donne à Dieu et que les pieux musulmans récitent à l'aide d'une sorte de chapelet, aucun n'exprime la punition ou la vengeance.

Ibn Abbâs rapporte que l'Envoyé de Dieu a encore dit : « Voulez-vous que je vous indique quels sont les pires d'entre vous ? Les gens présents ont dit : Oui, certes, si tu veux, ô Envoyé de Dieu ! Il a dit : Les pires d'entre vous sont ceux qui s'installent en solitaires, flagellent leurs serviteurs et s'interdisent les secours. Voulez-vous que je vous indique qui sont pires ? Les gens présents ont dit : Oui, certes, si tu veux, ô Envoyé de Dieu ! Il a dit : Ceux qui détestent les gens et qui sont détestés. Puis il a dit : Voulez-vous que je vous indique qui sont pires encore ? Les gens présents ont dit : Oui, certes, si tu veux ô Envoyé de Dieu ! Il a dit : Ceux qui n'acceptent ni trébuchement ni excuse et qui ne pardonnent pas un péché. »

Les hommes et les femmes de ce temps retrouvent pour beaucoup le besoin de Dieu qu'ils ont pu perdre quand l'accélération des découvertes scientifiques et l'accroissement des richesses ont pu leur faire croire qu'ils pouvaient se suffire à eux-mêmes. Mais dans un monde où l'autodétermination des personnes est perçue comme un droit fondamental, chacun veut pouvoir trouver sa voie, sans qu'on cherche à lui en imposer une. La responsabilité des guides religieux, dès lors, doit être de savoir présenter la foi qu'ils ont en héritage comme un chemin de liberté et de bonheur. Surtout, ils doivent savoir être des accompagnateurs et non pas des censeurs, des témoins et non des idéologues, des hommes et des femmes enthousiastes et non des rabat-joie, des êtres qui font confiance aux autres et non des pères fouettards.

Chacun, chacune doit pouvoir avancer à son rythme, avec ses forces et ses fragilités. Chacun, chacune est faillible et doit avoir droit à l'erreur. Laissons la parole à Dieu, telle que la retranscrit un *hadith qodsi* : « O Mes serviteurs. Je me suis interdit l'injustice et Je vous déclare que Je vous l'interdis. Ne soyez donc pas injustes les uns envers les autres. O Mes serviteurs, chacun d'entre vous est un égaré, sauf celui que Je mène dans le droit chemin : demandez-Moi donc que Je vous y mène, et Je vous y mènerai. O Mes serviteurs, chacun d'entre vous est affamé, sauf celui que Je nourris : demandez-Moi donc de vous nourrir, et Je vous nourrirai. O Mes serviteurs, chacun d'entre vous est nu, sauf celui que J'habille : demandez-Moi donc de vous habiller et je vous habillerai. O Mes serviteurs, vous péchez de nuit comme de jour et Moi je pardonne tous les péchés : demandez-Moi de vous pardonner et Je vous pardonnerai. »

Le Dieu des pauvres

PAR RACHID BENZINE ET CHRISTIAN DELORME

Elle a quarante-quatre ans. Sans diplôme, elle s'est retrouvée au chômage après des années de secrétariat en région parisienne. Elle ne bénéficie plus que des indemnités qui relèvent du revenu minimum d'insertion. Sa fille, étudiante, est à sa charge. Comment survivre dignement ? Elle a entendu Rachid dans l'émission télévisée *Matin bonheur* parler de « l'espoir en banlieue ». Comme on envoie une bouteille à la mer, elle a écrit : « Dois-je me satisfaire de devenir, comme des milliers de gens, assistée, ou bien dois-je me suicider ? Ecrivez-moi pour me dire ce que vous pensez de cette situation. Si je dois finir ma vie plus vite que je ne l'avais prévu, je voudrais au moins avoir votre avis. »

Le cri de cette femme, le cri de tant et de tant d'êtres qui, en France et ailleurs, ont le sentiment de ne plus compter pour personne, qui peut l'entendre ? Surtout, qui peut y donner réponse alors que nos systèmes économiques et sociaux montrent leurs limites quant à leur capacité à accorder une place honorable à chacun ? Ce cri, d'ailleurs, c'est celui qui parcourt l'histoire humaine. Mourir debout, ou vivre écrasé ? Combien d'êtres humains, à travers les siècles et sur toute la face de la terre, se sont posé cette question et se la posent ?

La Bible est probablement le livre (ou, plutôt, un recueil de livres) qui prend le plus en compte cette clameur des pauvres et des désespérés. Aucune littérature antique, déjà, n'a parlé autant de la pauvreté. Et on peut se demander si aucune autre littérature, depuis, a témoigné d'autant de respect pour celui qui souffre, a peur, meurt de solitude, est méprisé dans sa dignité, a faim et soif de justice. Qui plus est, la Bible n'est pas un livre comme les autres. Pour le croyant qui appartient à la descendance d'Abraham, c'est le lieu privilégié du dialogue entre Dieu et les hommes. Dieu parle aux hommes dans la Bible, mais l'homme aussi y parle à Dieu. Livre unique, qui pourtant peut être enrichi à l'infini. Dans l'église Saint-André-de-la-Guillotière, à Lyon, dont Christian a la charge, un cahier est à la disposition des passants et pèlerins. Chaque jour, plusieurs personnes, jeunes et vieux, Français et étrangers, chrétiens et croyants d'autres confessions, agnostiques parfois, y écrivent leurs prières qui sont souvent des cris. L'ensemble, au cours des ans, constitue un vrai développement du Livre des Psaumes. Ils n'en ressortent pas moins chômeurs, ou moins affligés par un deuil ou un autre lourd chagrin, ceux qui sont venus chercher quelques instants un peu de paix dans cette église. Mais les mots qu'ils ont dits, ceux qu'ils ont écrits ont trouvé une écoute silencieuse et respectueuse. Et cette écoute est déjà une réponse.

Si le Livre des Psaumes est resté, à travers les siècles, le socle de la prière juive comme de la prière des religieux chrétiens, c'est probablement parce qu'il laisse entendre sans cesse la fragilité, la misère de l'homme. Comment ne pas se retrouver, qu'on soit juif, chrétien, musulman, ou d'une autre appartenance, dans des supplications comme celle-ci : « Aie pitié de moi [Seigneur] car je n'en peux plus ; je ne tiens plus debout, guéris-moi » (6, 3-10) ? Ou encore : « Décharge ton fardeau sur le Seigneur, lui répondra pour toi ; / Il ne laisse pas le juste à terre pour toujours » (55, 23) ?

Tout au long de la Bible, la pauvreté est évoquée comme un état scandaleux qui ne devrait pas exister à l'intérieur du peuple d'Israël. Les lois données à Moïse, telles qu'on les trouve dans les livres bibliques de l'Exode, du Lévitique, des Nombres ou du Deutéronome, tendent toutes à l'établissement d'une nation fraternelle d'où l'exclusion par la pauvreté doit être bannie.

Du Livre du Deutéronome, rédigé au sein du peuple hébreu sept siècles avant Jésus de Nazareth : « Si dans l'une des villes du pays que ton Dieu te donne, tu rencontres un pauvre parmi tes frères, tu ne fermeras ni ton cœur ni ta main devant ce frère qui est dans la pauvreté. Tu lui ouvriras ta main et tu lui prêteras ce dont il a besoin, ce qui lui manque. (...) Je te donne ce commandement [dit Dieu] : Tu ouvriras ta main à ton frère, à celui qui est démuni, au pauvre qui est dans le pays » (Dt 15, 7-11).

Les prophètes bibliques, du notable urbain Isaïe au sage rural Michée, en passant par les prêtres Jérémie, Ezéchiel, Zacharie, Osée, Jonas ou le scribe « en sabots » Amos, tous ont repris cet héritage mosaïque. Avec force, ils disent que le fait de laisser le pauvre dans le dénuement est une insulte à Dieu. Quand le pauvre est maltraité, Dieu se considère comme atteint dans Sa seigneurie : « Yahvé fait le procès des anciens et des chefs de son peuple ; / Vous avez dévoré les produits de la vigne ; / On trouve dans vos maisons ce que vous avez volé aux petits. / Pourquoi écraser mon peuple et piétiner les pauvres ? / Parole du Seigneur, Yahvé Sabaot » (Isaïe 3, 14-15).

En effet, l'expérience montre que celui qui bénéficie de richesses se laisse très vite dévorer par l'orgueil et la suffisance, tandis que le pauvre témoigne d'une plus grande puissance d'accueil à Dieu et aux autres. Le peuple de l'avenir, va même jusqu'à suggérer la Bible, c'est un peuple de pauvres, un peuple qui a la disponibilité de cœur que seuls les pauvres, en définitive, sont capables d'acquérir : « En ce jour [où Dieu se manifestera pour rendre justice], tu n'auras plus à rougir de tant de péchés que tu commets contre moi [déclare le Seigneur], car j'aurai ôté de chez toi les prétentieux qui fanfaronnent, et ma montagne sainte ne sera plus pour toi un motif d'orgueil. Je laisserai au milieu de toi un peuple humble et pauvre qui mettra sa confiance dans le nom de Yahvé » (Sophonie 3, 11-13).

Bien souvent accablé, le peuple d'Israël attend que son Dieu vienne le visiter et qu'Il le délivre de toutes ses oppressions. Et dans cette attente, c'est l'attente de tous les pauvres de la terre, de tous les blessés de la vie qui, finalement, s'exprime. Jésus va le signifier très clairement quand, voulant se faire reconnaître comme le Messie par les envoyés de Jean le Baptiste, il leur déclare : « Allez voir Jean, et racontez-lui ce que vous entendez et voyez ; les aveugles retrouvent la vue, les éclopés marchent, les lépreux sont purifiés, les sourds entendent, les morts se réveillent et les pauvres entendent une bonne nouvelle » (Matthieu 11, 4-5).

Jésus ne parle pas de promesses : il parle d'actes qui déjà sont posés, de réalités qui déjà sont transformées. Ces comportements qui font reculer la souffrance, qui remettent debout des blessés, qui repoussent les frontières de la pauvreté, ils sont d'ailleurs, nous apprend l'Evangile, ceux qui seront pris en compte par Dieu au jour du jugement dernier : « Venez les bénis de mon Père, prenez possession du royaume qui est préparé pour vous depuis la création du monde. Car j'ai eu faim et vous m'avez donné à manger ; j'ai eu soif et vous m'avez donné à boire ; j'étais étranger et vous m'avez accueilli ; sans vêtement et vous m'avez habillé. J'étais malade et vous m'avez visité, j'étais en prison et vous êtes venus vers moi » (Matthieu 25, 34-36). Dans le « je », c'est Jésus qui se met en scène. Celui-ci s'identifie totalement à ceux qui, ayant eu faim ou ayant été jetés en prison, ont reçu – ou n'ont pas reçu – le secours qu'ils pouvaient espérer.

La tradition musulmane s'avère porteuse de cette même nouvelle inouïe : ce que vous faites au pauvre, c'est à Dieu que vous le faites ! En témoigne ce *hadith* divin rapporté par Muslim : « Abou-Horeira – que Dieu l'agrée – a rapporté que l'Envoyé de Dieu – sur lui la bénédiction et la paix – a dit : Dieu, à lui la puissance et la gloire, au jour de la Résurrection dira : "O fils d'Adam ! je suis tombé malade et tu ne m'as pas visité ! – O Seigneur, dit l'homme, comment devais-je te visiter, toi qui es le Seigneur des Mondes ? – Tu n'as pas su, reprit Dieu, qu'untel de mes serviteurs était malade, et tu ne l'as pas visité ? Ne savais-tu pas que si tu l'avais visité, tu m'aurais trouvé chez lui ? O fils d'Adam ! je t'ai nourri et tu ne m'as pas nourri ! – O Seigneur, comment devais-je te nourrir, toi le Seigneur des Mondes ? – N'as-tu pas su qu'untel de mes serviteurs t'a demandé à manger, et tu ne l'as pas nourri ? Ne savais-tu pas que si tu l'avais nourri, tu aurais trouvé ta nourriture chez moi ? O fils d'Adam ! je t'ai demandé à boire et tu ne m'as pas abreuvé ! – O Seigneur ! répondit l'homme, comment devais-je t'abreuver, toi le Seigneur des Mondes ? – Mon serviteur untel t'a demandé à boire, et tu ne l'as pas abreuvé. Ne savais-tu pas que tu aurais trouvé ta boisson chez moi ?" »

Nul n'ignore que la pratique de l'islam repose sur cinq fondements inséparables, dont le troisième n'est autre que l'aumône *(zakat)*. Dans les recommandations que le Prophète Muhammad fit à son compagnon Mouad lorsqu'il l'envoya en expédition au Yémen, il lui dit : « Tu vas chez des gens du Livre. Avant tout tu les inciteras à reconnaître qu'il n'y a pas d'autre dieu que Dieu et que je suis son prophète. S'ils acceptent, informe-les que Dieu leur a institué cinq prières par jour. S'ils t'obéissent, fais-leur savoir qu'ils ont à s'acquitter de l'aumône légale prélevée sur les biens de leurs riches pour être distribuée à leurs pauvres. S'ils s'exécutent, garde-toi de prendre le meilleur de leurs biens. Méfie-toi de l'imprécation de l'opprimé, car entre elle et Dieu il n'y a pas d'écran » (cité par Al-Bukhârî et Muslim dans leurs recueils de *hadiths* divins).

Le Coran, bien entendu, insiste sur le fait que plaît à Dieu l'homme qui sait se montrer charitable : « Ceux qui rachètent les captifs, nourrissent en temps de disette un parent orphelin ou un pauvre réduit au dénuement, tout en étant du nombre de ceux qui ont la foi, qui s'incitent mutuellement à la constance et à la commisération, ceux-là seront les gens de la droite [ceux qui seront récompensés, posséderont la demeure finale, les jardins de l'Eden] » (Coran 90, 17-18).

Une des raisons certaines de la diffusion extrêmement rapide du message coranique dans les années qui ont suivi la révélation reçue par Muhammad est que l'islam est apparu tout de suite comme une promesse de justice, de droit rendu au pauvre et à l'opprimé. Le secours aux indigents, l'assistance au faible ont été des pratiques qui ont caractérisé les sociétés musulmanes dès la première communauté organisée de Médine.

Parmi les *hadiths* divins dont se nourrit la communauté musulmane et qui se rapportent à l'aumône, on retiendra encore celui-ci :

« D'après Abou-Horeira – que Dieu l'agrée –, le Messager de Dieu – sur lui la bénédiction et la paix – a dit : Un homme dit : "Je vais faire une aumône". Puis il partit avec son aumône et la mit dans la main d'un voleur. Le lendemain, comme on parlait de cette aumône faite à un voleur, l'homme dit : "O Dieu, louange à toi qui m'as fait donner l'aumône à un voleur. Je vais faire encore une aumône." Puis il partit et la déposa dans la main d'une femme adultère. »

« Le lendemain, on parla de cette aumône faite à une femme adultère. Le même homme dit encore : "O mon Dieu, louange à toi qui m'as fait donner l'aumône à une femme adultère. Je vais faire encore une aumône." Puis il partit et la mit dans la main d'un riche. Le lendemain, on parla de cette aumône faite à un riche. Le même homme s'écria alors : "O Dieu, louange à toi qui m'as fait donner l'aumône à un voleur, à une femme adultère et à un riche." Car cet homme vit en songe quelqu'un qui lui dit : "L'aumône que tu as faite à un voleur servira peut-être à lui enlever dorénavant le désir de voler. Celle faite à une femme adultère la portera peut-être à s'abstenir de l'adultère [si elle a été adultère par cupidité]. Quant à celle faite à un riche, il y verra peut-être un exemple à imiter, et il dépensera en aumônes une partie des biens que Dieu lui a donnés." » (Cité par Al-Bukhâri.)

L'aumône doit être donnée spontanément, par amour de Dieu : « Ce que vous dépensez en aumône est à votre avantage. Ne donnez que poussés par le désir de la Face de Dieu » (Coran 2, 272). Et : « Ils nourrissaient le pauvre, l'orphelin et le captif pour l'amour de Dieu » (Coran 76, 8).

Par l'aumône, il s'agit de fortifier son âme, de se purifier de ses péchés, car celui qui donne de bon cœur au nécessiteux prouve qu'il est soumis à Dieu, qu'il n'est point esclave de ce qu'il possède et qu'il est disposé à accorder au Très-Haut des sacrifices encore plus grands.

Dieu rétribuera ceux qui auront fait l'aumône, comme si c'est à Lui-Même qu'elle aura été avancée : « Il vous rendra tout ce que vous avez donné en aumônes. Il est le meilleur dispensateur de tous les biens » (Coran 34, 39). Ou encore : « Aux hommes et aux femmes qui s'acquittent de l'aumône, à ceux qui font un beau prêt à Dieu, Dieu le rendra en abondance ; ils recevront une généreuse récompense » (Coran 57, 18).

Dans la Bible et dans le Coran, on constate que Dieu ne supporte pas l'oppression que certains font peser sur les autres, la pauvreté dans laquelle une part de l'humanité est laissée. Dieu n'accepte pas que des hommes, ses créatures, soient victimes d'autres hommes, et en cela on peut dire qu'Il a une prévention toute particulière pour les pauvres, une « préférence » pour ceux-ci et qu'Il mérite, de ce fait, le titre de « Dieu des pauvres ».

Dans les Evangiles, Jésus va jusqu'à se réclamer du statut du pauvre, de l'affligé, de l'opprimé. C'est par son dépouillement qu'il vient combler les hommes de son amour. Car c'est sa personne qu'il donne, et non point des richesses qui lui seraient extérieures. Ce qui importe, c'est ce qu'il *est* et non point ce qu'il a ; de même que la vérité de Dieu ne réside pas dans ce qu'Il peut avoir mais dans ce qu'Il est. Dans sa première Epître aux chrétiens de Corinthe, probablement le texte le plus ancien du Nouveau Testament, l'apôtre Paul rappelle avec force la pauvreté du Christ : « Ce qui est faible dans le monde, Dieu l'a choisi pour confondre ce qui est fort. Ce qui est vil et méprisable dans le monde, ce qui n'est pas, Dieu l'a choisi pour réduire à rien ce qui est » (1 Corinthiens 1, 26-28).

Cette identification du Christ au pauvre fera que, dans la tradition chrétienne, le pauvre sera souvent regardé comme « sacrement », signe de la présence de Dieu au milieu des hommes. Au Moyen Age, on parlera des « pauvres du Christ », comme si les miséreux devaient être considérés comme des images vivantes de Jésus. Et il n'est dès lors pas étonnant que François d'Assise, le saint de l'histoire du christianisme qui a certainement imité le plus parfaitement le Christ, ait voulu être le *poverello*, « l'époux de Dame Pauvreté ». En se faisant pauvre lui-même, il manifesta son amour pour les pauvres... contre toutes les pauvretés subies qui maltraitent l'homme créé à l'image de Dieu.

Parmi les mystiques musulmans, on retrouve la même intuition que chez François d'Assise. La plupart d'entre eux ont cherché le dépouillement total pour être des pauvres en Dieu, des derviches. Leur appauvrissement non seulement représente chez eux leur choix de l'essentiel contre tout ce qui est vanité des biens, mais il témoigne également d'une protestation contre la richesse toujours susceptible d'opprimer, de spolier, de créer du ressentiment chez ceux qui sont dans le besoin.

Toutes ces considérations sur le « Dieu des pauvres » peuvent-elles être de quelque secours à la dame au bord du désespoir absolu que nous évoquions en ouverture de ce chapitre ? Elle seule peut répondre à la question. Mais nous savons d'expérience que plus d'une personne en difficulté, d'origine chrétienne ou musulmane, ayant découvert que Dieu aime les pauvres et réclame avec eux justice, y a trouvé réconfort et force pour rester debout et lutter.

Le souvenir de Dieu

PAR RACHID BENZINE

Personne ne s'offusque que les jeunes chrétiens participent à des rassemblements de prière, à Taizé, à Paray-le-Monial, à Lourdes ou à Paris. On ne reproche pas, non plus, à des cadres en mal de spiritualité, de partir pour une retraite dans un de ces monastères bouddhistes de tradition tibétaine qui ont fleuri ces dernières années à travers l'Hexagone. En revanche, lorsque, au cœur de nos banlieues populaires, des jeunes de familles musulmanes se mettent à prendre le chemin des salles de prière installées dans l'inconfort des bas de HLM ou dans d'anciennes maisons de quartier, alors surgit la peur des agissements intégristes. La prière des uns serait-elle moins belle que la prière des autres ?

Pourtant, tout voyageur, touriste ou homme d'affaires qui a foulé une terre musulmane, qu'il s'agisse du Maghreb ou du Proche-Orient, a été frappé par cette place étonnante donnée à la prière. Comme si – et ce n'est pas faux – ces nations vivaient au rythme du temps qui est dû à Dieu.

Cinq fois par jour, depuis les débuts de l'islam, à des moments bien précis, le musulman est appelé à se souvenir explicitement de Dieu, quels que soient sa condition sociale, son âge (dès lors qu'il n'est plus un enfant), ou encore le pays où il vit. Petits, grands, pauvres et riches se retrouvent sur un même plan, à égalité devant Dieu. Cinq pauses dans l'activité humaine, que ce soit en plein travail, à l'heure d'un moment de détente ou de sommeil. Cinq moments où l'homme reprend conscience, si besoin est, que, tel un fleuve, il doit tout à sa source, et qu'il lui est nécessaire de porter son regard, son esprit et son cœur vers celle-ci. « Où que tu te tournes, affirme le Coran, est la face de Dieu, subsistant éternellement » (2, 115).

A peine le jour levé, avec le chant des coqs se fait entendre le cri des muezzins qui semblent se répondre d'un minaret à un autre : « *Allah ou-akbar !* Dieu est le plus grand ! » C'est la prière du *fajr* (aube), facultative mais ô combien propice à la réalisation des vœux. Elle annonce la première prière canonique, celle du *sub'h* (matin), symbole de la vie qui s'épanouit. Quelques heures plus tard, celle-ci est suivie de celle du *du'hr*, quand le soleil se trouve à son zénith, et que l'homme est censé être au mieux de sa forme. Puis vient, avec l'après-midi, la prière de l'*as'r*, qui évoque le temps de la sagesse. Au coucher du soleil, la prière du Maghreb (le Couchant) permet non seulement à l'homme de mettre sous le regard de Dieu la journée qu'il a passée, mais elle le fait aussi entrer dans un autre rythme : celui de la nuit. Et dans cette sorte d'autre monde que représente la nuit, la prière, celle de *isha*, a aussi sa place environ une heure et demie après la précédente.

Chacune de ces cinq prières s'ouvre par la récitation de la Fatiha, la première sourate du Coran que l'on appelle « la mère du Livre ». Elle est aux musulmans ce que la prière du Notre-Père est aux chrétiens. D'une certaine manière, tout le Coran est contenu dans les quelques mots qui la composent :

« Au Nom de Dieu, le Clément, le Miséricordieux.
Louange à Dieu, Seigneur des mondes,
le Clément, le Miséricordieux,
le Roi du Jour de la rétribution.
C'est Toi que nous adorons,
Toi dont nous implorons le secours.
Guide-nous sur la voie de la rectitude,
la voie de ceux qui n'ont point encouru ta colère
et qui ne s'égarent point. »

Toute l'approche musulmane de Dieu est ici consignée : Il est le Souverain, le Clément, le Miséricordieux. Ce qui fait que l'invocation mille fois prononcée par un pieux musulman dans une journée : *Bismillâh al-Rahmân al-Rahim* (Au nom de Dieu, le Clément, le Miséricordieux) est réputée contenir elle-même toute la Fatiha – et donc tout le Coran.

Pour prier, le musulman commence par faire des gestes de purification, des ablutions, non par obsession de l'impureté comme peuvent le laisser entendre certains intégristes, mais pour manifester à Dieu qu'il se sent indigne d'être en Sa présence et qu'en conséquence il adopte une attitude d'humilité. Dans les pays où l'eau est rare, les ablutions peuvent se faire avec un peu de sable ou une pierre.

La prière rituelle ou canonique s'inscrit dans un beau mouvement de dépouillement et d'ouverture de son cœur. Pour recevoir Dieu – car c'est bien ce qui se produit dans l'invocation de Son Nom et dans la récitation de sourates du Coran –, il faut se vider un peu de soi, vider son cœur de ce qui n'est pas souvenir de Dieu. Un cœur trop plein (de soi, de soucis auxquels on accorde trop d'importance...) ne peut faire place au Souverain des mondes. Or le cœur est le réceptacle de la Parole divine. Il est comme un vase. S'il est rempli de la Vérité, le surplus des lumières qu'il peut accueillir se déversera au profit des gens qui vous entourent. Mais s'il est plein d'erreurs, alors c'est de ténèbres qu'il peut regorger...

Avec les ablutions préalables aux prières, c'est bien la purification du cœur qui est recherchée. La rouille des mauvaises actions ou des mauvaises pensées ronge le cœur : il faut donc avoir le souci de le polir. Ainsi pourra-t-il devenir comme un miroir où se refléteront les lumières de Dieu. « Quand l'un de vous récite ses prières, dit un *hadith* divin, il est en conversation avec son Seigneur. » Un autre dit encore : « Ni Ma terre ni Mon ciel ne peuvent Me contenir, mais le cœur de Mon fidèle serviteur Me contient. »

J'ai retenu cette histoire qui met en présence des peintres chinois et byzantins prétendant, les uns et les autres, être les meilleurs devant le sultan d'un des âges d'or de l'Islam. A chacun des deux groupes, le souverain confie une grande pièce et des couleurs en abondance, afin que leurs travaux puissent être comparés. Pendant des jours, les Chinois usent de couleurs en grandes quantités. Les Byzantins, eux, passent leur temps à polir et à polir des surfaces pour en extirper toute trace de rouille. Vient finalement le jour où tous déclarent avoir achevé leur tâche. La pièce confiée aux Chinois se révèle couverte de magnifiques peintures qui arrachent des cris de ravissement au sultan. Mais quand on enlève le rideau qui obstruait l'entrée de la salle laissée aux Byzantins, le spectacle est encore plus beau. Ceux-ci n'ont rien peint : ils ont seulement poli et poli les murs, tant et si bien que les peintures faites par les Chinois dans la pièce voisine peuvent s'y refléter ! Ainsi voudrait faire le croyant : polir suffisamment son cœur pour que la beauté de Dieu s'y réfléchisse !

La prière est affaire de cœur, mais elle est aussi affaire de corps. Tous les non-musulmans sont généralement impressionnés par la suite de mouvements que des fidèles en prière sont conduits à faire, se livrant à une étonnante chorégraphie. Stations debout, inclinaisons, génuflexions et prosternations se succèdent, entraînant ensemble jeunes et vieux, même si les plus handicapés peuvent se limiter à des signes de tête ou des clignements des yeux. Certains ont remarqué que le fidèle en prière dessinait avec son corps les lettres arabes qui forment le nom de Dieu : Allah.

De manière très belle, le musulman, dans sa prière, tourne la tête vers son épaule droite, puis vers son épaule gauche, saluant les anges qui l'entourent : ainsi se trouvent unis le monde de la terre et celui des cieux. Avec la prière des hommes, terre et ciel se rejoignent. Le musulman a un sentiment très fort de son appartenance à l'immensité de la Création, et quand il loue son Seigneur, il participe à tous les chants et à tous les gestes de louange qui montent de tous les coins de l'univers, qu'il s'agisse de l'oiseau qui étend ses ailes ou de l'arbre qui projette son ombre.

Eva de Vitray-Meyerovitch, qui a tant contribué à faire

connaître les mystiques musulmans dont elle fait partie, rapporte ce fait : « Je me souviens d'un voyage en Algérie où un vieillard, notre compagnon, ayant célébré avec nous, sur une plage, la prière du Maghreb, était en larmes. Il était très étonné que nous n'ayons pas entendu, comme lui, chaque grain de sable répéter : *"Lâ ilâha ilâ Allah*, Il n'y a de dieu que Dieu !" »

On connaît la signification de la danse des derviches tourneurs de l'ordre soufi créé au XIIIe siècle par le grand Rûmi : ce n'est pas seulement la danse des hommes louant Dieu qui est mise en œuvre, mais celle des planètes et de tous les atomes.

La prière est aussi convivialité. A la fin de chacune de celles qui sont faites dans une mosquée ou dans une salle de prière, le priant se tourne vers ceux qui sont alignés à ses côtés, et les uns et les autres s'échangent des salutations de paix, s'enquérant parfois de la santé de tel ou tel. La rencontre avec Dieu incite à la fraternisation entre les hommes. « Aimez Dieu de tout votre cœur, et aimez-vous les uns les autres en Dieu », répétait le prophète Muhammad (que la paix et la bénédiction soient sur lui) en écho à ce qu'avaient déjà proclamé la Torah et l'Evangile.

En observant les cinq prières rituelles, le croyant, bien entendu, se soumet aux exigences de sa religion, telles que le Coran les lui enseigne. Aujourd'hui, des jeunes de nos banlieues trouvent même dans cette pratique un cadre qui leur permet de construire leurs journées alors que, sans emploi, ils éprouvent des difficultés à structurer leur temps. Mais, surtout, le musulman qui prie trouve la satisfaction de son désir : revenir à Dieu, revenir à son Créateur. L'homme se sait peu de chose, il est mortel.

Cependant, venant de Dieu, il a pour vocation de retourner à Dieu. Malgré sa fragilité, son insignifiance presque, il trouve dans la prière une mise en présence de Dieu qui le fait exister pour l'Eternité. Marcher sur le chemin de la spiritualité c'est, d'une certaine façon, mourir progressivement à ce monde pour déjà naître dans l'autre, ce paradis promis à la créature qui n'aura pas oublié son Seigneur : « Souvenez-vous de moi, et Je me souviendrai de vous », dit Dieu dans le Coran (2, 152). Dieu nous invite à ne pas L'oublier, au risque, sinon, de nous oublier nous-mêmes.

Même si les mystiques sont souvent regardés dans l'islam comme suspects parce que tentés de prendre trop de libertés avec l'orthodoxie, ils sont ceux qui savent le mieux exprimer le désir de Dieu qui habite l'homme en quête de Vérité. Ainsi Rûmi, dont Eva de Vitray-Meyerovitch a tant lu, traduit, médité les textes sublimes, trésor universel de spiritualité : « Cette prière n'est pas une prière, Seigneur, si mon cœur ne Te voit pas face à face. Je m'oriente vers la *qibla* [la direction de La Mecque] par amour pour Ton visage, sinon je renoncerais à la prière et à la *qibla*. Mon but, en priant, c'est de me lamenter, de te confier ma peine d'être séparé de Toi. Quelle prière serait-ce si, restant auprès de Toi, dans la mosquée, mon cœur demeure dans le bazar ? Prier vraiment, c'est ressembler aux anges. Mais moi, je suis encore la proie des bêtes et des démons ! De cette prière hypocrite, j'éprouve de la honte et je n'ose lever mes regards vers Toi. »

Le prophète Muhammad (que la paix et la bénédiction soient sur lui), modèle de tous les mystiques musulmans, a également laissé – et on ne s'en étonnera pas – de sublimes prières, comme celle-ci : « O mon Dieu ! Mets une lumière dans mon cœur, une lumière dans mon tombeau, une lumière dans mon ouïe, une lumière dans ma vue, une lumière dans mes cheveux, une lumière dans ma peau, une lumière dans ma chair, une lumière dans mon sang, une lumière dans mes os, une lumière devant moi, une lumière derrière moi, une lumière sur moi, une lumière au-dessous de moi, une lumière au-dessus de moi, une lumière à ma droite et une lumière à ma gauche ! / O mon Dieu ! Accrois ma lumière, donne-moi une lumière, fais-moi lumière, ô Toi lumière de la lumière, par Ta miséricorde, ô Miséricordieux ! »

En plus des cinq prières canoniques qui sont communes à tous les musulmans de la terre, le croyant est invité à accomplir beaucoup d'autres prières, laissées celles-ci à son entière liberté. On les appellera surérogatoires, et un *hadith* divin rapporté par Al-Bukhâri dit combien elles plaisent à Dieu : « Tout acte qui rapproche Mon adorateur de Moi me sera plus agréable que l'accomplissement des devoirs que Je lui ai prescrits. Mon adorateur ne cessera de se rapprocher de Moi par des prières surérogatoires en sorte que Je l'aimerai, et quand Je l'aimerai, Je serai l'oreille avec laquelle il entendra, l'œil avec lequel il verra, la main avec laquelle il saisira, le pied avec lequel il marchera. »

Des prières surérogatoires ont été établies par la tradition musulmane pour correspondre à divers moments ou événements de la vie des hommes. Mais quoi de plus beau que le jaillissement spontané de louanges ou de plaintes sorties en abondance du cœur de l'homme ? Un cœur qui aime Dieu parle à Dieu sans souci des horaires et des obligations, même si les horaires et les obligations sont une bonne chose pour que l'homme se construise, et se construise en relation avec les autres.

Tous les priants musulmans ont l'expérience du *dhikr*, c'est-à-dire « le souvenir de Dieu », même si les mystiques en ont plus développé la pratique à travers des techniques très élaborées (notamment pour la maîtrise du souffle) qui permettent aux soufis de proclamer le Nom de Dieu et diverses invocations des heures et des heures durant, dans une ambiance extatique et rythmée. Le Coran incite à cette mémorisation quasi permanente du Nom de Dieu, à commencer dans le secret du cœur de chacun : « Souviens-toi de ton Seigneur, en toi-même, à mi-voix, avec humilité et révérence, le matin et le soir. Ne sois pas au nombre de ceux qui sont négligents. [Car c'est ton Seigneur] qui fait que la nuit succède au jour pour celui qui veut se souvenir de Lui ou qui veut être reconnaissant » (Coran 7, 205 et 13, 28).

Lâ ilâha ilâ Allah : que de fois ces mots s'échappent du cœur et des lèvres des musulmans, même si ceux-ci ne sont pas toujours des pratiquants exemplaires ! Ils façonnent le fidèle, jusqu'au moment de sa mort où, même dépourvu de l'usage de la parole, son index levé peut encore crier l'unicité de Dieu.

Pratique par bien des aspects analogue à celle du *dhikr* : la récitation, à l'aide d'un rosaire, des quatre-vingt-dix-neuf noms que la tradition musulmane reconnaît à Dieu. Quatre-vingt-dix-neuf noms qui sont autant de qualités ou d'attributs reconnus au Maître des mondes : le Magnanime, le Généreux, l'Omniscient, le Nourricier, le Pardonnant, le Patient, le Doux, etc. Dans les pays musulmans, mais aussi dans nos quartiers de

France, on peut voir ces hommes qui égrènent à toute vitesse les petites boules de leurs chapelets, aussi bien sur le seuil de leurs maisons, en marchant dans la rue, que dans le cadre de leur bureau. Certains s'attardent longuement sur chaque nom, s'extasiant à la pensée des qualités du Créateur.

Dans ce rosaire, les mystiques vous diront qu'on peut voir aussi l'humanité, constituée d'une ronde de grains à la fois séparés et en même temps reliés entre eux par un fil. Ainsi sont les hommes : séparés, parfois solitaires, mais appelés à être reliés par une Vérité commune à tous.

La tradition musulmane enseigne qu'il y a un centième nom de Dieu, que Lui seul connaît, car Lui seul est savant. Bien entendu, les mystiques ont cherché à le découvrir, mais en vain. Une jolie histoire rapporte qu'un jeune chercheur de Dieu prénommé Yûssuf, ayant cru comprendre qu'un sage d'Egypte, Dhu'l-Nun al-Misri, avait enfin trouvé le centième attribut, se rendit à sa résidence. Mais le sage ne prêta pas attention à lui toute une année, durant laquelle Yûssuf se tint timidement dans un coin de la mosquée. Trois années passèrent ainsi. Enfin, le sage s'étant enquis de la raison de la venue de Yûssuf, il lui remit un coffret de bois en lui disant : « Traverse le Nil. En tel lieu se trouve un vieillard. Apporte-lui ce coffre qu'en aucun cas tu ne dois ouvrir. Lui te confiera ce que tu cherches. » Le jeune homme se mit en route. Mais la curiosité de savoir ce qu'il y avait dans le coffret le démangeait. Il l'ouvrit. Une souris s'en échappa et s'enfuit. Le coffret était désormais vide. Yûssuf arriva donc tout honteux devant le vieillard. « Loué soit Dieu ! s'exclama ce dernier. Tu n'as pas été capable de prendre soin d'une souris. Comment pourrais-tu prétendre garder le plus grand Nom de Dieu ? »

L'expérience de la prière, c'est toujours l'expérience de la proximité de Dieu. « Lorsque Mes serviteurs t'interrogent sur Moi, réponds-leur : Je suis tout proche à exaucer l'invocation de qui M'invoque, quand on M'invoque. Puissent-ils donc Me répondre, puissent-ils croire en Moi dans l'espoir d'aller selon la droiture » (Coran 2, 186).

Ceux qui, malheureusement, n'ont pas l'expérience de la prière, ce « cœur à cœur avec Dieu », croient généralement que celui qui prie a d'abord pour réflexe de demander de l'aide à Dieu. Or l'essentiel de la prière, qu'elle soit canonique, surérogatoire ou totalement « libre », est fait essentiellement de louanges, de remerciements adressés au Créateur, et non point de supplications même si celles-ci ont leur place, mais dans un second temps.

Une mauvaise perception de la prière, liée notamment à l'approche très négative du phénomène religieux qu'ont promue, au XIXe siècle, des philosophes comme Nietzsche et Marx, peut faire penser que l'acte de se tourner vers Dieu représente une attitude caractéristique des faibles ou des personnes dominées ne pouvant se prendre en charge elles-mêmes. Le regard porté de l'extérieur, en Occident, sur la foi musulmane accentue encore plus ce malentendu : les musulmans, « soumis à Dieu », seraient des suppliants qui imploreraient le Tout-Puissant de leur épargner les malheurs qu'Il pourrait avoir envie de leur envoyer, et qui conjureraient le Créateur de leur dispenser les faveurs que, dans son absolutisme, Celui-ci voudrait bien leur accorder... Appréhender ainsi les choses, c'est avoir une bien piètre idée, de Dieu d'abord dont la Miséricorde est ignorée, des musulmans ensuite qui épanouissent leur dimension intérieure quand ils se prosternent en direction du levant.

Dans la prière de demande, l'homme exprime sa fragilité, son besoin du secours de Dieu. Mais il peut, ce qui est encore mieux, implorer Dieu pour les autres. Mon éducation familiale et ma propre sensibilité font que, en ce qui me concerne, je demande rarement à Dieu des secours pour moi-même. Et si je ressens la nécessité de tels secours, je préfère solliciter d'autres afin qu'ils prient pour moi. Je délègue ! Quant à moi, je supplie Dieu qu'Il donne du courage, de la force, la guérison à tel ou tel. Enfant et adolescent, quand ma mère était malade, je priais le Seigneur qu'Il la guérisse. Mais j'ajoutais : « Si cela n'entre pas dans Vos décisions, alors permettez-moi de partager son mal, ce qui la soulagera d'autant ! »

J'aime aussi, le soir avant de m'endormir, dire à Dieu merci pour tout ce que j'ai pu recevoir au long du jour, les gens rencontrés, les actes de bienveillance dont j'ai bénéficié ou dont j'ai été le témoin. Le merci pour les gens que j'aime, en premier lieu mes père et mère, fait partie de ma prière quotidienne. La prière, dans l'expérience que j'en ai, constitue un ressourcement, un apaisement, un épanouissement. Bien entendu, je voudrais être plus « priant » encore que je le suis. Cela est affaire d'œuvre de Dieu en moi et d'acte de volonté de ma part. Durant des années, j'ai lu dans ses yeux le désir de mon père, qu'il se gardait bien d'exprimer par respect pour la liberté de ses enfants : « Dieu t'a tout donné, mon fils, me laissait-il comprendre. Seule te manque la prière rituelle ! Mais Il te l'accordera aussi, quand Il en aura choisi le moment. »

Comme tous les êtres sensibles je rêve d'être un grand « priant ». De pouvoir dire comme le poète libanais Khalil Gibran : « Lorsque vous priez, vous vous élevez pour rencontrer dans l'air ceux qui prient à cette même heure et que, sauf en prière, vous ne pourriez rencontrer. Dieu n'écoute pas vos paroles, sauf lorsque Lui-Même les prononce à travers vos lèvres ! »

La vraie prière, c'est sûrement celle où Dieu vient habiter le cœur et les lèvres de celui qui prie. Comment, sinon, une autre très grande figure mystique musulmane, Rabi'a al-Adawiya (fin du VIIIe siècle), aurait-elle pu faire preuve d'un tel amour de Dieu et des hommes en prononçant ces paroles : « O mon Dieu ! ma seule occupation et tout mon désir en ce monde, de toutes les choses créées, c'est de me souvenir de Toi. Et dans le monde à venir, de toutes les choses du monde à venir, c'est de Te rencontrer. Il en est pour moi ainsi que je l'ai dit. Mais Toi, fais tout ce que tu veux. »

On rapporte que cette Rabi'a fut surprise un jour en train de porter, d'une main, un lourd seau d'eau dont le poids la déséquilibrait au fur et à mesure qu'elle marchait, tandis qu'elle tenait, de l'autre, une torche allumée. « Où vas-tu ainsi ? lui demanda-t-on. – Je m'en vais éteindre les flammes de l'enfer ! expliqua-t-elle, et mettre le feu au paradis. Ainsi, les gens n'adoreront pas Dieu par crainte du feu éternel ou par désir du paradis, mais ils adoreront Dieu pour Lui-Même ! »

Demander Dieu à Dieu

PAR CHRISTIAN DELORME

Certains matins, les trains à grande vitesse qui mènent leurs passagers de Lyon à Paris se transforment en maisons de prière. Entre huit et dix heures, il est fréquent de voir des religieux juifs se lever de leur place et se rendre dans les espaces séparant les voitures. Scrupuleusement, ils s'attachent sur le front et au bras gauche les tefillin, ces étuis porteurs de paroles bibliques, et ils se recouvrent les épaules et la tête d'un long châle. Presque une heure durant, il est loisible de les voir se balancer au rythme poétique des psaumes et des cantiques, tout entiers absorbés par leur prière, ignorant les regards indiscrets, incrédules ou gênés de l'entourage.

J'aime à voir ces hommes prier. Toute personne en train de prier me fascine, que cela se passe dans une des églises dont j'ai la charge, dans les rues de Nouakchott ou de Jérusalem, au milieu des montagnes de l'Himalaya ou sur les rives du Gange. De tous les êtres animés que nous connaissons sur terre, seul l'homme prie. De toutes les créatures finies, il est le seul à regarder vers l'infini. Depuis que l'homme est homme, sans doute, et sous toutes les latitudes, dans toutes les cultures, on le voit chercher un au-delà de lui-même, désirant du « davantage », du « plus profond » ou du « plus haut ». L'homme ne vit pas que de pain. L'être humain qui prie, même s'il est assis ou prosterné, se tient en réalité debout. Il laisse surgir en lui une verticalité qui le fait se tenir droit au-dedans de lui-même. Mettant fin à l'agitation qui peut l'emporter, il se montre capable de se calmer et de demeurer en repos, laissant le silence ou une Grande Présence l'habiter. Quelle attitude universelle plus digne que celle-là ?

Tous ceux qui prient ne cherchent pas Dieu. Ainsi les bouddhistes s'efforcent-ils simplement de produire des effets correspondant à leurs intentions, l'émission de bénédictions, de louanges, de confessions ou d'implorations qui ne peuvent, selon eux, que soulager les êtres souffrants. Mais chez la plupart des autres hommes qui prient, la prière représente une tentative de s'approcher de Dieu, « celui que les hommes divers nomment de divers noms, mais qui est l'Un, l'Unique et le Même ; celui qui est en tout ce qui est et dans l'union de tous ceux qui s'unissent » (Lanza del Vasto). Insatisfaits des seules connaissances sur Dieu qui ont pu leur être enseignées, ils ont le désir de l'expérience de Dieu. Ils veulent laisser leur cœur être rempli par celui qu'ils adorent. Et ils se mettent à refléter la beauté de Dieu.

Trop grand pour que son Etre soit cerné par notre esprit, l'Incréé peut cependant venir remplir notre être si nous savons nous ouvrir à Lui. La prière, qui consiste à se mettre en présence de la Grande Présence, fait entrer alors dans le mystère de Dieu et, en même temps, dans le mystère de l'homme. J'ai déjà exposé comment la prière m'avait été apprise enfant, devenant pour moi une attitude naturelle, presque comme marcher ou manger. Cependant je mentirais si je soutenais que, chaque jour, en dehors des obligations cultuelles qui sont souvent les miennes, je parviens sans peine à « donner du temps à Dieu », gratuitement, pour sa seule louange. Une prière spontanée jaillit facilement de moi, dans les circonstances les plus diverses : événements qui me touchent personnellement, scènes de la rue qui retiennent mon attention, demandes d'aide de personnes rencontrées. Mais il m'est bien difficile de m'arrêter un peu longuement, uniquement pour être agréable à Dieu.

Il est dit dans l'Evangile selon Luc qu'un jour un disciple demanda à Jésus : « Maître, apprends-nous à prier, comme Jean [le Baptiste] l'a appris à ses disciples » (Luc 11, 1). Et Jésus d'enseigner aux siens le Notre-Père, devenu la grande prière de tous les chrétiens. Les disciples de Jésus, enracinés dans la tradition juive, savaient, bien entendu, prier, mais ils désiraient avoir une prière qui soit propre à la communauté qu'ils étaient en train de constituer. Et Jésus de reprendre l'essentiel des prières synagogales, en y ajoutant surtout ce titre inouï donné par lui à Dieu : « Abba ! », autrement dit « Papa ! »

Cette requête du disciple, un groupe d'adolescents que j'accompagnais voici une quinzaine d'années à l'abbaye de Hautecombe, en Savoie, la formula à un moine bénédictin. « Nous n'arrivons pas à prier ! » disaient-ils avec regret. Et le moine de leur dire : « Commencez simplement par une phrase que vous répéterez chaque jour le plus souvent possible, une phrase qui exprime toute la foi chrétienne. Dites : "Seigneur Jésus-Christ, Fils de Dieu, prends pitié de moi pauvre pécheur !" Si vous faites l'effort, pendant quelques jours, de la prononcer régulièrement, elle s'inscrira en vous à un point tel que, bientôt, elle surgira d'elle-même de votre cœur. Elle vous viendra spontanément, à chaque fois que cela conviendra, c'est-à-dire souvent. »

Fruit d'une longue tradition (la prière du cœur, élaborée et enrichie au long des siècles du christianisme, particulièrement en Orient), cette invocation peut paraître exécrable à beaucoup qui refusent de « faire pitié » ou de « demander grâce » tels des condamnés implorant leur juge. Mais elle est à comprendre comme un appel à la compassion, un appel à la proximité bienveillante lancée à un Christ qui, lui aussi, a demandé pitié quand la violence des hommes s'est accablée sur lui : « J'ai soif ! » s'écrie-t-il, agonisant sur la croix. Elle est, en tout cas, devenue ma prière de presque tous les instants. Une prière, ainsi, vit en moi, comme une flamme dans un foyer. Peut-être suis-je le bois de ce feu-là ou encore la cheminée, mais certainement pas l'auteur du feu, ni même le tisonnier. Et cette prière qui prie en moi est, de toute évidence, ce qui me nourrit, me permet de résister dans les orages et les tempêtes de la vie, me lave de mes fautes et me donne en permanence la certitude que Dieu a bien le nom que les chrétiens croient pouvoir lui donner : Salut ou Sauveur. Au long des années, mon approche de la prière, bien entendu, s'est affinée, s'est précisée. D'expérience, voilà donc ce que je puis en dire encore.

La prière est rencontre

On connaît la réponse que fit un paysan au saint curé d'Ars qui s'étonnait de croiser cet homme immobile dans l'église, ne remuant pas même les lèvres : « Je L'avise et Il m'avise ! » (« Je Le regarde et Il me regarde ») commenta-t-il dans son patois en désignant le tabernacle.

La prière du chrétien est toujours entrée en communication, ou du moins tentative d'obtenir une rencontre avec son Dieu. Pour cela, il est souvent nécessaire de se mettre à l'écart de l'agitation du monde, d'« aller au désert ». Dans les Evangiles, on voit ainsi Jésus s'éloigner, rechercher la solitude pour mieux pouvoir vivre sa relation à Celui qu'il désigne comme son Père. Voulant faire partager à ses compagnons Pierre, Jacques et Jean l'expérience de sa gloire, il « les emmène à l'écart sur une haute montagne », et là il est transfiguré devant eux, son visage resplendissant comme le soleil. Et quand vient le temps de sa prochaine arrestation, il va « un peu plus loin » du lieu où se tiennent la plupart de ses disciples : « Restez ici pendant que j'irai prier là-bas », leur enjoint-il (Matthieu 17, 1-2 et 26, 36).

Le Dieu de la Bible se tient caché mais non point dissimulé. Ce n'est pas un Dieu qui se refuse à l'homme en se plaçant délibérément hors de sa portée. Dieu ne s'expose pas, mais Il se veut accessible à ceux qui le cherchent. Quand l'homme ouvre son cœur à une rencontre possible, Dieu alors se fait sentir. La personne en prière qui Lui parle perçoit qu'elle ne lance pas des mots dans le vide, mais que ses mots sont reçus, accueillis. Dans le conciliabule de la prière, l'homme attentif reçoit des lumières qui viennent éclairer ses interrogations. Dieu ne parle pas directement au croyant ordinaire comme Il a pu le faire à Moïse ou à Elie, mais son Esprit rappelle au priant toutes les Paroles qu'Il a déjà laissées, et qui sont accessibles dans la Bible.

Chaque fois qu'il m'arrive de me mettre en retrait pour aller trouver Dieu, que ce soit sur un chemin de campagne ou de montagne, au bord d'un fleuve, ou encore dans l'obscurité discrète d'une église, je devine cette Présence du Très-Haut et jamais je ne reviens sans rien. Du moins puis-je dire que je trouve la paix quand mon cœur connaît le trouble ou l'angoisse.

La prière est reconnaissance

Chaque matin, quand seul ou avec d'autres j'ouvre le bréviaire ou Livre de la liturgie du jour, la première phrase que j'y lis est cette demande adressée à Dieu : « Seigneur, ouvre mes lèvres. Et ma bouche publiera ta louange ! » Prier pour louer Dieu. Prier pour Le remercier.

Longtemps je me suis demandé ce que voulait dire l'injonction biblique : « Tu aimeras l'Eternel ton Dieu de tout ton cœur, de toute ton âme et de toute ta force » (Deutéronome 6, 5), commandement repris par Jésus. Comment aimer Dieu qu'on ne voit pas ? Comment L'aimer comme on aime une personne qui vous est devenue chère grâce à ce que vous avez vécu avec elle ? Je me suis ainsi interrogé sur les sentiments qui étaient les miens à l'égard de Dieu. Et j'ai découvert qu'il y avait avant tout chez moi de la reconnaissance, de la gratitude pour tout ce que la Création me disait de Lui. Le monde est parfois dur à vivre, mais le spectacle de l'univers, celui de la nature sont magnifiques. François d'Assise l'avait bien compris, lui qui chantait : « Loué sois-tu, Seigneur, pour toutes les créatures, et spécialement pour messire notre frère le Soleil ; il est beau, rayonnant, et sa haute splendeur nous est un signe de toi, ô Très-Haut. »

Dieu m'attire, Dieu m'est désirable, j'ai envie de L'accueillir en moi, à cause bien entendu de tout ce que j'ai entendu dire de Lui par les innombrables témoins de la foi, de toutes les grandes fois ; mais j'ai surtout de la gratitude pour tout ce qu'Il me donne, pour l'univers que je reçois comme Sa manifestation, et pour tout ce que je perçois qu'Il est, lui le divin Créateur. « Le Puissant fit pour moi des merveilles ; Saint est son nom ! » se met à exulter Marie quand sa cousine Elisabeth vient saluer en elle celle que Dieu a choisie pour être mère de Jésus (Luc 1, 49).

Comme tout être humain, ma vie comporte joies et souffrances, satisfactions et regrets. Mais si je veux être honnête, je dois admettre que les bonheurs que j'ai reçus sont bien plus nombreux que les malheurs. Et je me réjouis de pouvoir le reconnaître et de pouvoir en rendre grâce. Selon la très belle prière que Lanza del Vasto, premier grand disciple chrétien de Gandhi, a composée pour sa communauté de l'Arche et que je prononce chaque soir avant de m'endormir : « Nous te louons, Seigneur, de ce que Tu nous exauces, puisque cette prière est un exaucement, puisqu'en nous adressant ainsi à Toi, nous élevons notre vouloir, nous épurons notre désir et nous nous accordons. Et qu'avons-nous à demander encore, si ce n'est que cela dure, ô Eternel ! le long de notre jour et notre nuit ? » Louer Dieu qui nous permet de Le louer.

La prière est offrande

Il n'y a pas d'amour sans don. Je crois même qu'il ne peut y avoir de société humaine sans échange de cadeaux. Toute relation, entre deux êtres, entre des groupes, et aussi avec Dieu nécessite la circulation de présents. Depuis qu'ils ont conscience de l'existence de forces les dépassant, et notamment conscience de l'existence d'un « Grand Existant », source de toute vie, les hommes célèbrent des cultes qui comportent l'apport d'offrandes. Les « manipulateurs de sacré » ou les « faiseurs de sacré » de toutes les religions ont d'abord pour fonction d'offrir, au nom de tout le peuple. C'est ainsi qu'agissaient hier les chargés du sacerdoce dans le temple de Jérusalem quand la prêtrise lévitique existait encore dans le judaïsme. C'est ainsi que font les prêtres hindous en déposant des fruits ou en brandissant des coupes de feu devant des statues évocatrices du divin. C'est ainsi, également, que prêtres catholiques ou orthodoxes célèbrent l'eucharistie en présentant, au moyen des espèces du pain et du vin, tout ce que le peuple croyant peut offrir... et qu'il tient de Dieu.

Ma prière est toujours oblation. Habité par les images et les bruits du monde, j'offre celui-ci au Très-Haut. Et j'ai le sentiment de m'offrir aussi, espérant être une offrande désirable.

La prière est repentir

Un des psaumes qui résonne le plus en moi et que j'aime à faire jaillir de mes lèvres est le Psaume 50 qui commence ainsi : « Pitié pour moi, mon Dieu, dans ton amour ; selon ta grande miséricorde, efface mon péché. Lave-moi tout entier de ma faute, purifie-moi de mon offense ! » Ce psaume est plus particulièrement récité dans les communautés chrétiennes le vendredi matin, jour où l'on se souvient davantage du don que Jésus fit de sa vie par amour pour l'humanité.

En s'exposant devant la Face de Dieu, comme le fait le chrétien en prière qui appelle sur lui le regard de son Créateur, comment ne pas se sentir petit, faible, limité, coupable de tant de manquements à l'amour ? Mais se présenter devant Dieu en implorant sa pitié, son pardon, c'est déjà être sûr que la seule mise en présence de Dieu est purificatrice. « Crée en moi un cœur pur, ô mon Dieu, renouvelle et raffermis au fond de moi mon esprit », poursuit le Psaume 50.

Durant l'été 1991, à l'occasion d'une visite du dalaï-lama en Dordogne, j'ai été amené à m'intéresser à l'ouvrage du VIIIe siècle que le chef spirituel tibétain était venu commenter : *La Marche vers l'Eveil*, du Bodhisattva Shantidéva. Quel ne fut pas, alors, mon étonnement de découvrir qu'un des chapitres s'intitule « La confession », et que s'y trouvent ces implorations :

« Tout le mal que j'ai fait ou causé, comme une brute stupide, dans l'éternité des transmigrations ou dans la vie présente, tout le mal que, dans mon aveuglement, j'ai approuvé pour ma perte, je le confesse, brûlé de remords.

« Toutes les offenses que j'ai commises par outrage contre les Trois Joyaux, contre mon père et ma mère et les maîtres ayant droit à mon respect, soit en acte, soit en parole, soit en pensée ; tout ce que, affligé de multiples vices, j'ai commis de méfaits pernicieux, tout cela je le confesse, ô Guides ! »

Même dans une religion comme le bouddhisme où Dieu n'est pas reconnu, la nécessité se fait cependant sentir chez le pratiquant de confesser ses fautes pour s'en libérer. Les exprimer les fait, en quelque sorte, sortir de soi. Manifester son repentir ouvre à de nouveaux commencements. C'est l'expérience dont j'ai parlé avec la répétition de ma prière du cœur : « Seigneur Jésus-Christ, Fils de Dieu, prends pitié de moi pauvre pécheur. »

La prière est soupir

La prière du chrétien est demande d'amour. Elle est supplication adressée à Dieu pour qu'Il nous prenne librement comme terme de Son désir. Au Tout-Autre, je fais la requête de Se tourner vers moi, de me donner de Lui. Tel un amoureux je soupire après Lui. Je demande Dieu à Dieu ! Les psaumes traduisent bien, une fois de plus, cette quête amoureuse de l'homme cherchant la tendresse du Tout-Puissant. Ainsi le Psaume 63, attribué au roi David lorsqu'il se trouvait dans le désert de Juda : « O Dieu, tu es mon Dieu ! C'est toi que je recherche.

Mon âme a soif de toi, mon corps même ne cesse de languir après toi comme une terre aride, desséchée et sans eau. »

Dieu vient rompre les solitudes ; Il fait exister celui qui sollicite et obtient Son regard d'amour. C'est pourquoi la prière peut être insistante : « Ne te dérobe pas lorsque je te supplie ! Prête-moi attention et réponds-moi ! Car je gémis et je me plains » (Psaume 55, 2-3).

Et quand c'est le silence qui semble répondre à la prière de l'homme, celui-ci, dans la Bible, ne craint pas de s'interroger : « L'abandon du Seigneur va-t-il durer toujours ? Ne redeviendra-t-Il plus jamais favorable ? Son amour serait-il épuisé à jamais ? A-t-Il cessé pour toujours de parler ? Dieu a-t-Il oublié de manifester sa faveur ? » (Psaume 77, 8-9).

La prière est combat

Dans la tradition judéo-chrétienne, la prière donne un certain « pouvoir » aux hommes sur Dieu, à l'exemple des demandes pressantes d'un enfant auprès de ses parents. Il s'agit de convaincre Dieu du bien-fondé de ce qu'on Lui demande. Au chapitre 18 de la Genèse, on voit Abraham supplier Dieu d'épargner les villes de Sodome et de Gomorrhe qui courent à leur perte à cause de l'inconduite de leurs habitants. « Vas-Tu punir ensemble les justes et les pécheurs ? Peut-être y a-t-il cinquante justes dans la ville ? Ne vas-Tu pas pardonner à la ville entière à cause de cinquante justes qui y habitent ? Pourrais-Tu traiter l'innocent comme le coupable ? N'es-Tu pas le juge de toute la terre, pourrais-Tu être injuste ? »

Un dialogue serré se déroule entre Abraham et l'Eternel. Dieu est prêt à sauver les deux villes si Abraham peut y découvrir dix justes. Hélas, ceux-ci ne pourront être trouvés et les habitants de Sodome et de Gomorrhe vont tous périr (Genèse 18, 20-33).

On connaît le sens du nom Israël donné par choix divin à Jacob : « Fort contre Dieu ». Alors qu'il était passé avec les siens de l'autre côté d'un torrent, Jacob était resté seul. Un mystérieux personnage, identifié comme un ange du Seigneur, lutta avec lui jusqu'à l'aube et ne put le vaincre. « Désormais, dit l'étrange personnage, tu ne t'appelleras plus Jacob mais Israël, « Fort contre Dieu », car tu as lutté avec Dieu et avec les hommes et tu as vaincu » (Genèse 32, 29).

Tout le Livre de Job témoigne également de ce « corps à corps » avec Dieu. La grandeur du prophète, en effet, c'est qu'il ne cesse de crier vers Dieu, d'en appeler à la justice de Dieu contre Dieu lui-même. Job refuse d'être victime parce qu'il sait qu'on ne peut pas lui imputer de pécher contre son Seigneur. Aussi réclame-t-il de Dieu d'être fidèle à Lui-même en lui rendant justice, et il reste confiant malgré tout.

Malgré ces exemples bibliques éloquents, il est rare que les chrétiens entrent en prière comme dans un combat. Pourtant, nombreux sont ceux qui peuvent témoigner que, ayant décidé d'obtenir de Dieu quelque chose, ils ont fini par l'obtenir en s'en donnant les moyens. J'ai vu, ainsi, des gens prendre la résolution de se lever une heure au cours de chaque nuit, pour prier en vue de la guérison d'un enfant malade, et obtenir, de fait, au moins une rémission. Mais entrer en combat, c'est prendre le risque de gagner comme celui de perdre...

J'aime cette approche de la prière comme combat, car elle me paraît plus respectueuse de la liberté et de la responsabilité de l'homme. On n'est plus là en présence d'un Dieu qui distribuerait ses faveurs ou ses miracles selon son bon plaisir, mais la prière se révèle comme une action où Dieu et l'homme deviennent créateurs ensemble. On peut parler de combat, mais on peut aussi évoquer un accouchement, une mise au monde. Avec la prière, c'est ensemble que l'homme priant et Dieu peuvent modifier le cours des choses.

La prière est découverte de soi

Le grand penseur berbère chrétien du Ve siècle, saint Augustin, évêque de l'Algérie chrétienne, a raconté dans ses *Confessions* comment il avait rencontré Dieu et combien cette rencontre lui avait permis de se découvrir lui-même : « Tard je T'ai aimée, Beauté toujours ancienne et toujours nouvelle, déclare-t-il à Dieu. Tard je T'ai aimée, et pourtant Tu étais dedans, mais c'est moi qui étais dehors, et je Te cherchais en me ruant sans beauté vers ces beautés qui, sans Toi, ne seraient pas : Tu étais toujours avec moi, mais c'est moi qui n'étais pas avec Toi ! » (Livre X des *Confessions*.)

Augustin était en-dehors de lui-même, et puis voilà qu'il se retrouve au-dedans, parce qu'il y a rencontré Quelqu'un. Il a rencontré en lui une présence qui le rend présent à lui-même : Dieu, la Vie de sa propre vie, était là. Dieu comme cœur et clé de notre intimité. Rencontrer Dieu, ce n'est pas rencontrer un pouvoir despotique, c'est accéder à ce que nous sommes nous-mêmes, c'est nous trouver reliés à une source infinie. « Je suis *votre* Dieu », ne cesse-t-Il de proclamer au long des pages de l'histoire biblique. Autrement dit : « Parce que Je suis *à vous*, Me reconnaître, c'est *vous* reconnaître ! »

Dans la prière nous nous reconstituons. Nous enveloppant de Sa présence, Dieu vient nous réunifier. Il nous aide à nous cueillir nous-mêmes, nous re-cueillir, et en Le louant, nous sentons bien que nous embellissons. N'est-il pas vrai que les hommes et les femmes de prière ont des regards, des sourires plus beaux que ceux des autres ? Toute personne qui passe par un monastère, qu'il s'agisse de moines ou de moniales chrétiens ou bouddhistes, est frappée par la beauté tranquille des visages.

La prière est découverte de Dieu

L'éveil à soi et l'éveil à Dieu sont, en réalité, un même mouvement. Venir ou revenir à Dieu, c'est venir ou revenir à soi-même. C'est prendre ses distances avec des centres d'intérêt qui nous dispersent pour revenir au vrai centre, le centre intérieur de nous-mêmes où Dieu Se tient. Qui aime Dieu Le possède en soi. Et ce Dieu qui Se laisse ainsi trouver, aimer, n'est pas une figure tyrannique, c'est une présence d'Amour.

Dans l'Evangile selon Jean, tout le chapitre 17 nous donne à entendre une longue et magnifique prière de Jésus à son Père. On y trouve notamment ceci : « Que tous soient un comme toi, Père, tu es en moi et comme je suis en toi. Qu'ils soient en nous eux aussi, afin que le monde croie que tu m'as envoyé. Et moi, je leur ai donné la gloire que tu m'as donnée, pour qu'ils soient un comme nous sommes un, moi en eux comme toi en moi, pour qu'ils parviennent à l'unité parfaite et qu'ainsi le monde puisse connaître que c'est toi qui m'as envoyé et que tu les as aimés comme tu m'as aimé » (Jean 17, 21-22).

En suivant Jésus dans sa prière, en méditant dans son cœur des paroles comme celles-ci, Dieu vraiment Se révèle comme Père infiniment bon, infiniment aimant et donc infiniment aimable. Le Très-Haut est mon Ami. Le Tout-Autre est le Tout-Mien.

La prière est œuvre de justice

Il est fréquent d'entendre dire que seule la mort place les hommes à égalité les uns par rapport aux autres, car elle ne s'intéresse pas aux richesses et aux titres des gens. Mais cela n'est-il pas vrai, également, pour la prière ? Devant Dieu, chacun ne se retrouve-t-il pas petit, sans grand mérite ? Et ce que Dieu regarde de nous, n'est-ce pas plutôt la pureté de notre cœur, laquelle ne dépend ni de notre savoir ni de nos pouvoirs ? La prière est un de ces espaces où tous les humains sont appelés à se reconnaître égaux devant Dieu. Des êtres en prière témoignent de leur égalité fondamentale, et ils peuvent ainsi réaliser qu'ils sont frères.

De plus, des êtres qui prient ne peuvent pas ne pas demander à Dieu ce que tous les hommes désirent : la paix et la justice. Ce que l'homme ne parvient pas à réaliser tout seul doit lui être accessible avec l'aide de Dieu. Nous avons le devoir de justice de demander à Dieu qu'il nous permette de rendre possible l'impossible.

La prière par excellence des chrétiens, le Notre-Père, insiste à deux reprises et de deux manières différentes sur cette aspiration à la justice. D'abord quand il est souhaité, au tout début de la prière, que « ton règne vienne », car le chrétien sait bien que l'accomplissement de l'histoire humaine sera l'avènement d'un règne de justice éternel. Invoquer sa venue, c'est déjà faire apparaître un peu de ce règne. Ensuite quand le priant demande à Dieu : « Donne-nous notre pain de ce jour. » En prononçant ces paroles, en effet, il demande ce dont il a besoin et pas plus, et il est conscient que ce besoin élémentaire est partagé par tous les êtres humains.

La prière est acte de paix

Il est une autre réalité très frappante : tous les gestes de prière de toutes les religions sont des gestes de paix. Les pouvoirs religieux cèdent parfois, hélas, à la tentation de la violence et de la guerre. Mais les attitudes qui permettent la prière sont toujours des attitudes d'hommes désarmés : mains ouvertes et offertes, mains jointes, mains le long du corps, visages levés vers les cieux pour appeler et accueillir l'irradiation divine, ou humblement abaissés, corps prosternés ou agenouillés.

Quelquefois, on entend des gens dire : « A quoi cela sert-il de prier pour la paix ? Mieux vaudrait savoir la faire advenir là où elle fait défaut ! » Mais prier, c'est déjà faire surgir la paix. Et le pape Jean-Paul II a été grandement inspiré lorsqu'il a appelé de ses vœux le grand rassemblement de prière pour la paix d'Assise où se retrouvèrent, en octobre 1986, des responsables de toutes les grandes religions du monde.

La prière est bénédiction

La vocation fondamentale que Dieu a fixée à Abraham a été celle-ci : « Tous les peuples de la terre seront bénis à travers toi » (Genèse 12, 3). Le Dieu de la Bible attend que les hommes Le bénissent, disent du bien de Lui, mais Il désire également que les hommes se bénissent les uns les autres, qu'ils soient chacun « bénédiction » pour les autres. Bénir, c'est s'engager dans le Bien, pour soi et pour les autres.

Dans la prière, on exprime le désir que du bien, du bonheur, soit donné à tous. Celui qui prie, de fait, ne peut ignorer le monde. Même enfermé dans sa chambre, il ne saurait être à l'abri des bruits de la planète. « Celui qui célèbre tout seul au cœur du désert, disait saint Ephrem, il est une assemblée nombreuse. Si deux s'unissent pour célébrer parmi les rochers, des milliers, des myriades sont là, présents. »

Dans un univers où tant de maux blessent l'humanité et l'ensemble de la création de Dieu, tous les milliards de prières qui s'élèvent chaque jour et chaque nuit du cœur des hommes apportent du bien à la vie du monde. Pour tous, ces prières sont bénédictions. Les gens qui habitent à proximité d'un monastère savent combien la prière des consacrés à Dieu joue positivement sur leur environnement. Et je souhaite, quant à moi, savoir faire pleuvoir le plus possible de bénédictions sur cette Création à laquelle il m'est donné de participer.

Contre tous les intégrismes.
Quand le sacré devient terreur

PAR RACHID BENZINE ET CHRISTIAN DELORME

Le « retour au sacré » que l'on constate un peu partout dans le monde, en cette fin de siècle, offre deux visages totalement opposés. D'une part une soif de spiritualité, particulièrement visible dans nos sociétés occidentales avec les succès remportés par les éditeurs de livres religieux. D'autre part, en bien des régions du globe, des conflits où les passions religieuses semblent avoir pris le relais des passions idéologiques d'hier. On se tue beaucoup moins qu'il y a vingt ans au nom de Marx ou de l'oncle Sam, mais on s'étripe davantage au nom de Dieu, de l'Afghanistan à l'Algérie, en passant par l'Inde et Israël, sans oublier les années de guerre en ex-Yougoslavie ou en Irlande du Nord. Même des sociétés bouddhistes n'échappent pas à la tentation de mêler la religion aux conflits d'ordre politique ou national, comme en témoigne le Sri Lanka où bouddhistes et tamouls s'affrontent durement.

Depuis une vingtaine d'années, c'est la violence portant la marque de l'islam qui impressionne davantage nos esprits. Depuis la Révolution islamique iranienne de 1979 jusqu'aux massacres de civils en Algérie – quand ce n'est pas en France ou aux Etats-Unis –, sans oublier l'Afghanistan déchiré, il est certain que la religion inaugurée par Muhammad tient une grande place sur toutes les scènes du monde où coule le sang des hommes. Mais il ne faudrait pas associer la violence religieuse au seul islam. Rompant l'interdit très fort qui veut qu'un juif ne tue pas un autre juif, le développement d'une extrême droite religieuse juive a conduit à l'assassinat, au printemps 1995, du Premier ministre israélien Ytzhak Rabin, coupable d'accords de paix avec les Palestiniens. En Inde, les fondamentalistes hindous ont gagné une audience très forte dans toute une partie de la population, et leurs chefs incitent à la haine meurtrière contre les musulmans, « minorité » de près de deux cents millions d'âmes. Aux Etats-Unis, des chrétiens aussi bien catholiques que protestants, militants de la lutte contre l'avortement, en viennent, au nom, disent-ils, du « respect de la vie »... à user de violences physiques, et ils ont même provoqué la mort de médecins accusés de favoriser ces pratiques abortives. En France, dans des milieux d'extrême droite mais aussi parmi des « paroissiens ordinaires », d'aucuns qui affichent avec ostentation leur identité chrétienne ne sont pas loin de désirer l'élimination des Maghrébins musulmans comparés à des « cafards » ou à des « rats », tandis que leurs « frères ennemis » mais néanmoins jumeaux des courants intégristes islamiques voudraient débarrasser la planète de tous ceux qui ne sont pas musulmans...

Vu d'Occident, l'islam peut légitimement apparaître comme générateur de violences si on additionne les lieux où, en effet on massacre, on torture, on assassine, on oppresse « au nom de Dieu le Clément, le Tout-

Miséricordieux ». Mais l'Occidental devrait également savoir que sa civilisation est elle-même perçue comme « porteuse de mort » dans une grande partie de l'espace mondial. La guerre entre l'Irak et l'Iran, qui s'est déroulée sur presque toute la décennie 80, faisant plusieurs millions de morts, de blessés ou de mutilés, a été voulue par les Etats-Unis d'Amérique et leurs alliés qui espéraient faire tomber la dictature des ayatollahs en se servant de celle de Saddam Hussein. Peu de temps après, profitant de la tentative d'invasion de l'émirat du Koweït par les armées irakiennes, c'est l'ancien allié Saddam Hussein, présenté comme un « nouvel Hitler », que l'on chercha à ébranler. Le dictateur arabe a survécu à la guerre éclair de janvier 1991 qui a pourtant détruit toutes les infrastructures de son pays, mais plusieurs centaines de milliers d'Irakiens innocents sont morts, sous les bombardements mais plus encore à cause de ce scandaleux embargo imposé par les Etats-Unis. Pour leurs familles, pour les blessés, c'est l'Occident chrétien qui a assassiné...

Le conflit israélo-arabe, qui dure depuis maintenant un demi-siècle, est également perçu par la plupart des consciences islamiques comme le résultat d'un grand complot occidental contre des populations musulmanes, même si, parmi les spoliés de la création de l'Etat d'Israël, il y a aussi les chrétiens arabes palestiniens. Quant aux centaines de milliers de morts de ces dernières années en Bosnie, au Tadjikistan et en Tchétchénie, selon l'approche des opinions publiques musulmanes, ils constituent pour l'Occident des victimes sans intérêt, ne suscitant guère l'émotion en raison justement de leur appartenance religieuse non chrétienne.

Hitler, comme la plupart des grands chefs nazis organisateurs de la Shoah, avait été baptisé. Pour les juifs qui en furent les victimes par millions, comment ne pas s'interroger sur cette religion chrétienne dont leurs bourreaux étaient issus, même s'ils l'avaient délaissée depuis longtemps ? Car, de fait, l'Allemagne était, à l'heure hitlérienne, composée en majorité de baptisés ! De surcroît, la « solution finale » est arrivée au bout d'une longue histoire de ségrégation, de persécutions et de pogroms souvent initiés par les Eglises catholique comme orthodoxe. De même, les Japonais n'ont pas eu à chercher longtemps pour trouver une expression concernant les deux bombes atomiques que, en 1945, les Américains lancèrent sur les villes de Hiroshima et de Nagasaki, anéantissant leurs populations : « les bombes chrétiennes » !

Ces exemples visent à souligner que, selon le lieu d'où nous parlons, selon notre appartenance à telle ou telle aire de civilisation, nous n'avons pas la même perception des réalités. Il est, manifestement, toujours plus facile de voir la barbarie chez l'autre plutôt que chez soi (historiquement, le barbare est celui qui ne parle pas la même langue que soi...). Mais si l'intégrisme fait peur, c'est peut-être justement parce que nous savons qu'il ne nous est pas aussi étranger que nous aimerions le croire...

Que nous rappellent, en Occident, les *fatwas* prononcées ces dernières années en Iran, en Egypte ou dans le sous-continent indien, condamnant à mort tel ou tel écrivain coupable d'avoir manqué de respect à l'islam, sinon les siècles d'Inquisition où furent envoyés au bûcher des milliers d'hommes et de femmes qui avaient le tort de ne pas parler comme le magistère de l'Eglise romaine ?

Qu'évoquent chez les Occidentaux les châtiments corporels que restaurent des régimes ou des bandes armées islamiques, sinon le souvenir des tortures, roue ou question, que les prélats de nos Eglises du Moyen Age chrétien ordonnaient ? Pourquoi les guerres menées « au nom de Dieu » sont-elles devenues si insupportables, sinon parce qu'elles réveillent le souvenir de la soumission par l'épée, au XIIIe siècle, du pays cathare aux armées venues du nord de la France, ou encore celui des guerres de Religion entre catholiques et protestants qui, au XVIe siècle, ont ensanglanté et déchiré l'Europe ? En quoi l'apparition de quelques centaines de foulards islamiques dans les établissements scolaires de France suscite-t-elle tant d'émotion, sinon parce que cette visibilité de l'appartenance religieuse à l'intérieur de l'école rappelle trop l'époque, pas si lointaine, où l'Eglise catholique prétendait régenter toutes les consciences ? Pourquoi l'instauration de régimes politiques se réclamant de l'autorité même de Dieu fait-elle si peur ici en Europe occidentale, sinon parce qu'on se souvient qu'il y a seulement quelques années, en Espagne et au Portugal, des dictatures (Franco et Salazar) se sont maintenues plusieurs décennies en s'appuyant sur le bras des Eglises catholiques locales et en se targuant de défendre la gloire de Dieu ?

En évoquant ces moments de l'histoire de l'Occident chrétien, nous ne voulons surtout pas dire que l'islam serait « resté » au stade des périodes les plus obscures du Moyen Age occidental. La référence aux régimes franquiste et salazariste permet de nous rappeler que cet aspect du Moyen Age peut toujours resurgir. On l'a vu, d'ailleurs, dans l'Amérique latine des années 60 et 70, quand des colonels sanguinaires se targuaient de défendre les valeurs chrétiennes. On le voit aujourd'hui dans plusieurs pays de l'ancien empire soviétique, où des Eglises orthodoxes se précipitent dans des surenchères nationalistes productrices de haines.

En outre, le recours à l'histoire n'atténue en rien l'horreur des violences commises aujourd'hui contre l'homme au nom de telle ou telle religion, et particulièrement au nom de l'islam. Mais il a au moins le mérite de rappeler que presque tout système de représentation du monde ou de pensée – et les religions sont des systèmes de représentation – peut tendre au totalitarisme et sombrer dans la violence. Il faut être malhonnête pour ne pas reconnaître que, au regard de l'histoire, islam et christianisme ont été des grands facteurs d'évolution et de civilisation pour l'ensemble de l'humanité. Les sociétés chrétiennes, à la Renaissance, ont beaucoup profité des apports de la civilisation arabo-musulmane, et les sociétés musulmanes, depuis, ont bénéficié à leur tour des richesses culturelles ou scientifiques de l'Occident marqué par le christianisme, même si les intérêts colonialistes et impérialistes ont trop souvent faussé et abîmé ce dialogue des civilisations.

Mais la violence est là, toujours tapie dans le cœur des hommes et dans celui des sociétés. Parfois elle se réveille, parce que les êtres comme les sociétés souffrent de malaises qu'ils cherchent à exorciser en se cherchant des coupables extérieurs à eux-mêmes. Si cette violence est adoptée par des autorités religieuses qui s'investissent elles-mêmes de l'autorité de Dieu, alors elle prend bien entendu une dimension d'absolu proprement terrifiante. Le sacré devient terreur. Tout crime devient possible puisque commis au nom du Tout-Puissant. Les groupes islamistes qui, en Algérie ces dernières années, assassinent sans état d'âme d'humbles villageois, enfants, femmes et vieillards compris, le font parce que leurs victimes n'ont pas adhéré à leur projet de régime islamique, et qu'elles sont dès lors considérées comme ayant apostasié leur foi musulmane. On retrouve ici la même folie sanguinaire que celle qui s'emparait des croisés partis, à l'injonction du pape Innocent III, réduire l'hérésie cathare : « Tuez-les tous... Dieu reconnaîtra les siens ! » se serait écrié le légat Arnaud Amaury qui se félicita des sept mille morts du massacre commis à Béziers en juillet 1209.

Contrairement à une idée trop répandue, ce ne sont pas les Ecritures saintes des trois grands monothéismes qui ouvrent la voie à la violence religieuse. Certains livres de la Bible (le Deutéronome, le Livre de Josué, celui des Juges...) comportent des passages qui incitent à la violence contre les ennemis du peuple d'Israël. Ce n'est pas pour autant que le peuple juif s'est comporté, dans son histoire, comme un peuple guerrier et vengeur. Au contraire, à partir de la dernière grande révolte (en 135) qui a suivi la destruction du deuxième temple de Jérusalem jusqu'à la Shoah, les juifs ont donné, presque durant deux mille ans, le témoignage d'un peuple à la religion non violente. En revanche – et il y a lieu d'être stupéfaits –, alors que les Evangiles dans leur totalité sont une dénonciation de toute violence, les Eglises, dans leur histoire, ont trouvé bien des fois les moyens de justifier le recours non seulement à la guerre défensive, mais encore aux massacres exterminateurs. On constate ainsi que, lorsque la Synagogue ou l'Eglise sont sans pouvoir temporel, elles traduisent plus facilement leurs

Ecritures en langage et surtout en pratique de paix, ce qui n'est plus le cas lorsqu'elles s'érigent en puissances.

Quant au Coran, il appelle, en effet, les musulmans à lutter les armes à la main contre les ennemis de l'islam, mais dans des situations bien précises où la communauté des croyants (l'*Umma*) est menacée dans son existence. L'exemple du Prophète Muhammad incite davantage à la conciliation, à la signature de traités diplomatiques plutôt qu'à l'usage de la force brutale. D'ailleurs, durant l'essentiel de son histoire, au Proche-Orient comme dans le reste de l'Asie où il est solidement implanté, l'islam a préféré la diplomatie à la guerre, la tolérance à l'intolérance. Et le recours au petit *jihâd* – à la guerre sainte – n'a pas été plus fréquent que le recours des Eglises chrétiennes à la croisade... Il est ainsi frappant que la guerre d'indépendance de l'Algérie, qui opposait pourtant un peuple totalement musulman à une puissance coloniale de culture majoritairement chrétienne, n'a pas été menée au nom de Dieu et de l'islam, mais simplement au nom du droit des peuples à disposer d'eux-mêmes.

Les intégrismes ont surgi dans l'histoire à intervalles réguliers. C'est à eux que s'est opposé Jésus en son temps. L'Eglise des siècles de l'Inquisition (du XIIIe au XVIIe siècle) est tombée gravement dans cette perversion. Et aujourd'hui, on voit bien que toute une partie du monde musulman est susceptible d'y sombrer, à cause des innombrables frustrations que des peuples trop méprisés par l'Occident dominateur ont accumulées. Mais qui est la première et la principale victime de ces intégrismes, sinon les peuples musulmans eux-mêmes ? Quand, au cours de l'année 1996, les talibans afghans, cette armée d'« étudiants en religion », ont pris possession de Kaboul, ils ont eu pour première préoccupation d'enfermer les femmes dans les maisons et de leur imposer le port d'un lourd voile signifiant leur soumission à un ordre masculin plus que divin. Ils ont aussi ordonné la suppression des volières dans les demeures, comme si le chant des oiseaux pouvait distraire l'homme du souvenir de Dieu. Et là où ont été imposés des régimes islamiques durs, par exemple en Iran et au Soudan, on sait que ceux-ci ont provoqué l'effondrement des économies et la stérilisation de toutes les forces créatrices.

Cet intégrisme musulman qui enfle dans le monde, et qui se présente comme porteur d'alternatives politiques en un certain nombre de contrées, fait davantage peur que d'autres intégrismes, parce que nous sommes dans un contexte international où cet intégrisme-là a des chances de parvenir au pouvoir – ce qui n'est pas le cas des intégrismes catholiques, protestants ou juifs. On ne saurait, en tout cas, lutter contre lui sans prendre en compte les attentes, les sensibilités, les déchirements des peuples musulmans. Des peuples désespérés, aux économies ruinées par des régimes dictatoriaux généralement soutenus par l'Occident, peuvent – on l'a vu en Iran – se jeter dans les bras de ceux qui feront davantage leur malheur.

De plus, il convient d'établir des distinctions entre les différents phénomènes d'islam radical qui se manifestent actuellement. Tous les appels à l'islam comme moyen de faire face politiquement aux problèmes du temps ne sont pas lancés par les mêmes types d'individus et de groupes. Tous ne sont pas conservateurs, oppresseurs de la femme et des libertés individuelles. En France, l'approche de ces phénomènes se fait rarement dans la nuance, et les chercheurs qui s'y essaient, tel François

Burgat – auteur, entre autres ouvrages, de *L'Islamisme en face* –, sont trop peu nombreux. Si des islamistes sont porteurs d'une vraie légitimité populaire, comment ne pas accepter le dialogue avec eux ?

Les intégristes se prétendent toujours les gardiens de l'intégralité de la foi, même quand c'est pour affirmer que la langue éternelle de l'Eglise est le latin, langue qu'ignoraient le Christ et ses premiers disciples. Ils manifestent, en général, une triste ignorance de leur propre tradition, mettant sur un même plan la louange due à Dieu et le droit de lapider la femme adultère. L'essentiel, l'éternel, se voit mis au même niveau que des règlements faisant référence à des situations contingentes liées à des moments de l'histoire.

On constate, aujourd'hui, toute la confusion qui règne autour de la définition même de la *Sharia*, présentée généralement comme loi de Dieu. De celle-ci, les régimes et les groupes qui s'en réclament, comme ceux qui voient en elle une horreur, mettent toujours en avant les dispositions pénales les plus cruelles : amputation de la main des voleurs, lapidation de la femme adultère, exécution du sodomite ou de l'apostat... Or la *Sharia* est avant tout une voie, un chemin, une invitation à la conversion. Il s'agit, pour chaque croyant et pour toute société de croyants, de tenter de vivre dans le respect des appels de Dieu. Au long de l'histoire de l'islam, les manières de codifier les appels divins ont été diverses, les prescriptions contenues dans le Coran ou dans la *Sunna* (tradition) ont connu des interprétations et des applications qui ont varié selon les lieux et les moments. Mais, bien entendu, il s'avère plus facile d'instaurer la mutilation du voleur plutôt qu'une société de justice où le pauvre n'est pas acculé à voler. Pourtant c'est de cette dernière exigence de justice pour les peuples dont le Coran est fondamentalement porteur.

Les intégristes masquent, la plupart du temps, leur ignorance ou leur volonté de pouvoir tyrannique, par le refus de laisser libre cours à la réflexion et à la discussion. Cette attitude n'est ni conforme à la tradition musulmane authentique, ni conforme à la tradition chrétienne ou juive. Dans les Eglises d'Orient et d'Occident, les conciles (assemblées d'évêques et de théologiens) ont été des occasions répétées de faire le point sur ce qu'il convenait d'énoncer comme vérités de foi, et sur ce qu'il convenait de faire pour mieux témoigner de la foi reçue. De même, en islam, l'*ijtihad*, ou effort d'interprétation, a entretenu l'intelligence de la foi durant des siècles, et c'est lorsque cet effort intellectuel, créatif et discipliné à la fois, a eu le plus de liberté de s'exercer que les sociétés musulmanes ont été les plus dynamiques. Les circonstances fluctuantes de la vie des hommes et des sociétés exigent, de fait, que les appels de Dieu soient compris en relation avec le vécu des hommes, et non pas dans l'abstraction. La Révélation, en effet, est une Parole vivante dans un monde vivant.

La problématique du voile islamique est à placer dans ce cadre. Pendant des siècles, des sociétés musulmanes entières ne se sont pas préoccupées d'imposer une coiffure particulière aux femmes. En étaient-elles pour autant moins musulmanes, moins soucieuses de vivre sous le regard aimant de Dieu ? Aujourd'hui, en revanche, certains courants islamiques semblent placer l'essentiel du témoignage musulman dans la « couverture » du corps des femmes ! Or la lecture des passages du Coran relatifs au voile, contenus pour l'essentiel dans la sourate 33, montre que le voile a été instauré non pas pour tenir les femmes en sujétion, mais pour protéger les femmes du Prophète des familiarités indues.

Ce qui est vrai des civilisations l'est aussi des religions : seule la liberté de penser, de s'exprimer et de créer, seule la confiance faite aux hommes – et aux femmes –, seuls la consultation et le dialogue sont facteurs de vrai développement. Quand des religions se définissent d'abord par des atteintes aux libertés, par l'imposition d'un ordre oppressif, elles trahissent leur propre message et tuent ce qu'elles prétendent défendre. L'actualité chrétienne de ces dernières décennies a montré que le message évangélique se portait bien mieux quand des théologiens comme Yves Congar, Marie-Dominique Chenu ou Karl Rahner avaient toute liberté de réfléchir et d'enseigner. Le drame de l'islam contemporain, c'est que, presque partout, les penseurs sont sous haute surveillance, et qu'ils risquent leur vie lorsqu'ils font des propositions allant dans le sens de la libre recherche et du pluralisme des expressions de foi. Il y a encore quelques dizaines d'années, des hommes comme l'Afghan Djamal Din Afghani, les Egyptiens Mohamed Abdou, Khaled Mohamed Khaled ou Taha Hussein, le Libanais Rashid Rida, l'Iranien Sayed Nasr ou le père spirituel du Pakistan Muhammad Iqbal, qui ont cherché à renouveler la pensée théologique de l'islam – parce que tout ce qui est vivant se renouvelle –, étaient écoutés et étudiés dans le monde musulman : cela est devenu aujourd'hui quasiment impossible. Tous, de plus, sont morts et ceux qui marchent aujourd'hui sur leurs traces : les Algériens Mohamed Arkoun et Ali Merad, ou le

Tunisien Mohamed Talbi, pour ne citer que ceux que l'on entend un peu en France, sont généralement vomis par les militants de l'islam « radical ». Or Dieu ne veut sûrement pas cela, Lui qui a donné aux hommes la faculté de penser...

L'inévitable dialogue interreligieux

PAR RACHID BENZINE ET CHRISTIAN DELORME

Nous sommes entrés, depuis la fin de la Deuxième Guerre mondiale, dans une période tout à fait nouvelle de l'histoire de l'humanité, et particulièrement de l'histoire des croyants. Jamais, auparavant, les groupes humains n'ont été autant en relation qu'ils le sont à présent. Le développement des moyens de communication, les facilités accordées à un certain nombre de se déplacer, les mouvements migratoires... tout cela fait que des hommes qui pouvaient hier s'ignorer aujourd'hui sont amenés à se prendre mutuellement en compte.

Pour les habitants de la France du début du siècle, l'islam ne pouvait être qu'une abstraction, sinon pour ceux qui avaient participé, d'une manière ou d'une autre, à l'« aventure coloniale ». Il faudra attendre les arrivées des premiers soldats musulmans, venus défendre en 1914 la patrie en danger, pour que la découverte de l'islam se fasse, pour quelques-uns, dans la rencontre concrète de musulmans...

Aujourd'hui, dans nos sociétés occidentales, et plus précisément en France, toute personne originaire du monde chrétien a rencontré un jour ou l'autre au moins un musulman, un bouddhiste, peut-être un hindouiste. Quand on habite une grande ville ou un certain nombre de quartiers populaires, on est inévitablement en contact avec des gens qui se réclament de fois différentes. Non seulement nos sociétés sont devenues pluriculturelles, mais elles sont également devenues multireligieuses. De ce fait, beaucoup de gens expérimentent, sans en être toujours conscients, le dialogue interreligieux.

Le plus étrange, peut-être, de la situation actuelle, est que beaucoup ont cru, dans les années 60, à la quasi-disparition du fait religieux dans nos sociétés industrialisées. Commencée en France dès le XVIIIe siècle, la déchristianisation est, en effet, un phénomène bien réel. Comme il est vrai que les grandes institutions religieuses – aussi bien chrétiennes que juives ou islamiques, quand elles existent – perdent de leur influence sur les populations, la pratique régulière devenant le propre de minorités. Mais malgré cela, la recherche ou la curiosité religieuse, le besoin de sacré ou de spirituel, la tentation de se réclamer d'identités à coloration confessionnelle... sont bien présents. Le mal de vivre de beaucoup, les espoirs déçus de nos sociétés « de progrès » expliquent en grande partie cette résurgence du religieux sous des formes très diverses. Mais il est également sûr que l'arrivée massive de fidèles de religions pour nous nouvelles a bouleversé nos sociétés. Des dizaines de milliers de Français seraient attirés par le bouddhisme, notamment celui qui nous vient du Tibet. Le judaïsme français, très « laïcisé » pendant des décennies, s'est retrouvé fortement « retrempé » dans le religieux avec l'immigration des juifs séfarades contraints de quitter

L'INÉVITABLE DIALOGUE INTERRELIGIEUX

l'Afrique du Nord. L'islam est devenu la religion majoritairement proclamée dans nos banlieues populaires, et des jeunes de familles européennes, sans attache et sans culture religieuse transmises par leurs parents, sont conduits à l'embrasser sous l'influence de camarades musulmans. Des dénominations religieuses nées aux Etats-Unis – Eglises « du Réveil », Mormons – font aussi leur apparition dans l'espace public de notre vieille Europe, et concurrencent parfois les Eglises traditionnellement implantées.

Sur la scène mondiale, le religieux reste, de toute façon, une réalité très forte : quatre milliards de croyants, au moins, sur six milliards de Terriens ! Dans les régions du monde les plus sujettes à des bouleversements graves, le facteur religieux est rarement absent : Proche-Orient, républiques déchirées de l'ex-empire soviétique, drame de l'ex-Yougoslavie, Afghanistan, conflits du sous-continent indien... Si l'on constate alors que les différentes appartenances religieuses peuvent envenimer davantage les motifs de se haïr et de se faire la guerre, il est tout aussi vrai que l'on attend que les chefs religieux sachent se montrer des artisans de paix et des ferments de réconciliation. L'histoire ne témoigne-t-elle pas que les religions peuvent beaucoup pour la paix comme pour la guerre ?

Dans nos pays occidentaux, en tout cas, quand les religions servent ou donnent l'impression de servir l'intolérance et la haine, elles perdent tout crédit. En revanche, quand elles s'associent pour faire grandir la concorde et la justice, elles redeviennent crédibles. Ceux qui ne veulent plus entendre parler d'elles en temps ordinaire se mettent même à redemander leur intervention dans des situations de crise. Ne l'a-t-on pas constaté au moment de la guerre du Golfe, ou bien durant la tragédie bosniaque ?

Le brassage des croyants de foi différente a, inévitablement, bousculé les manières de croire – ou de ne pas croire... – des uns et des autres. Par le passé, des croyants d'appartenances diverses pouvaient se trouver en contact sans que cela influence vraiment leurs fois respectives : on s'isolait suffisamment les uns par rapport aux autres, qu'il s'agisse des juifs enfermés dans des ghettos en Occident dès le Moyen Age, des minoritaires juifs ou chrétiens en monde musulman réduits au statut de *dhimmis*, ou encore des masses musulmanes soumises au joug des empires coloniaux européens. A l'exception d'élites qui se préoccupaient de connaître le contenu de la foi des autres, généralement pour mieux pouvoir le critiquer, les gens restaient presque toujours dans l'ignorance du trésor des autres traditions. Mais les choses ont changé. La démocratisation du savoir, la mise à disposition, au moins dans nos sociétés, des textes de toutes les traditions religieuses, une sorte d'« explosion » du livre religieux qui, manifestement, se vend bien, ont fait que plus personne n'est à l'abri des questionnements d'autrui. Tout le monde, ou presque, peut faire de la théologie, oser des questions impertinentes à l'égard des clercs et des gardiens de la Loi de toutes les religions. Le jeune étudiant musulman découvre la lecture psychanalytique que fait Eugen Drewermann des Evangiles et de la Genèse, ou la critique du clergé catholique qu'a également publiée cet auteur, tandis que le religieux chrétien s'intéresse aux questionnements du professeur Mohamed Arkoun qui demande une liberté de critique

L'INÉVITABLE DIALOGUE INTERRELIGIEUX

et de recherche dans le champ islamique que lui refusent les pouvoirs religieux dominants.

Le christianisme semble soudain ne plus appartenir qu'aux chrétiens, l'islam aux seuls musulmans, l'hindouisme ou le bouddhisme aux seuls hindous et bouddhistes... Des musulmans se passionnent pour Jésus, tandis que des chrétiens se nourrissent du mystique soufi Rûmi. Le dalaï-lama a des adeptes occidentaux qui conservent des attaches dans le catholicisme, le protestantisme, le judaïsme ou dans l'islam. Et le Mahatma Gandhi est considéré comme un grand saint du XXe siècle par des hommes venus des horizons les plus divers et qui ne savent généralement pas grand-chose de l'hindouisme. Paradoxalement, alors que certains, dans des contrées traversées de conflits, s'opposent en mettant en avant leurs identités religieuses perçues comme naturellement antagonistes, ici la tendance serait davantage à la réconciliation de toutes les fois, et au droit de chacun de prendre dans le trésor de chaque religion ce qui lui convient.

Les hommes qui accèdent à un minimum de connaissance de la foi des autres, grâce aux livres mais plus encore grâce à la télévision et aux rencontres interpersonnelles, découvrent que tous les êtres humains se posent à peu près les mêmes grandes questions : Qu'est-ce que l'homme ? Quels sont le sens et le but de la vie ? Qu'est-ce que le bien et qu'est-ce que le mal ? Quels sont l'origine et le but de la souffrance ? Quelle est la voie pour parvenir au bonheur ? Qu'est-ce que la mort, le jugement et la rétribution *post mortem* ? Qu'est-ce que le mystère dernier ?... A ces questions, les différentes religions apportent des réponses qui parfois convergent, mais qui aussi divergent. Hier, quand on appartenait à une tradition religieuse, on n'imaginait pas que les réponses d'une autre confession pourraient nourrir sa propre foi. Tel n'est plus le cas aujourd'hui, où les différentes réponses sont mises en parallèle et comparées. Et il est bien rare que la foi sorte indemne de cette mise en relation. Des syncrétismes douteux surgissent, mais aussi des questions pertinentes concernant sa propre foi. A l'épreuve de la rencontre de l'autre, chacun peut être conduit à s'interroger sur ses propres croyances et sur son degré d'adhésion aux dogmes et à la discipline de son Eglise ou de sa communauté.

Dans ce contexte de « village planétaire » né de la multiplication des moyens de communication, et de crise générale des valeurs et des normes qu'entraînent le brassage des hommes et des cultures autant que les bouleversements du monde, les grandes religions sont obligées de redéfinir leur interprétation de la diversité religieuse. Autrefois, et ce n'est pas très vieux, on voulait ignorer cette diversité. Ou bien on désirait la réduire au nom d'une norme unique, d'une seule vérité : l'autre n'était envisageable que comme converti ou comme exclu ou dominé. « Hors d'Eglise, pas de salut », a-t-on proclamé des siècles durant à l'intérieur du catholicisme, et beaucoup le pensent toujours. Quant au monde musulman, il serait tenté de regarder comme stupides ou abominables ceux qui ne confessent pas Dieu comme le message coranique appelle à le faire. Prétendant l'un et l'autre à l'universel, davantage que le judaïsme qui se veut plus modestement « signe parmi les nations », christianisme et islam sont profondément questionnés par ce pluralisme.

L'INÉVITABLE DIALOGUE INTERRELIGIEUX

Les Eglises ont véritablement commencé à porter un nouveau regard sur les religions non chrétiennes avec les années 60. Le concile Vatican II, qui a rassemblé à Rome les évêques catholiques du monde entier, a publié un décret, *Nostra aetate*, qui a constitué un tournant extraordinaire. L'Eglise, déclarèrent alors – en 1965 – les évêques, « ne rejette rien de ce qui est vrai et saint dans ces religions ». Pour les pères du concile, il apparaissait enfin évident que l'Esprit de Dieu ne pouvait pas être absent des recherches religieuses diverses de l'humanité, et que toute tradition authentique était respectable comme tentative d'approche des réalités ultimes.

Au sujet de l'islam, le concile a déclaré précisément : « L'Eglise regarde aussi avec estime les musulmans, qui adorent le Dieu un, vivant et subsistant, miséricordieux et tout-puissant, créateur du ciel et de la terre, qui a parlé aux hommes. » Et d'ajouter : « Si, au cours des siècles, de nombreuses dissensions et inimitiés se sont manifestées entre les chrétiens et les musulmans, le concile les exhorte tous à oublier le passé et à s'efforcer sincèrement à la compréhension mutuelle, ainsi qu'à protéger et à promouvoir ensemble, pour tous les hommes, la justice sociale, les valeurs morales, la paix et la liberté. »

Comme les chrétiens, les musulmans se montrent travaillés par la relation avec ceux qui ne partagent pas leur foi. Les savants religieux peuvent avoir à ce sujet des attitudes contradictoires. Les plus ouverts parmi les autorités contemporaines – comme le docteur Youssef Qaradhawi ou le professeur Muhammad Hamidullah – rappellent que le Coran n'interdit pas de faire du bien et même de se lier d'amitié avec des non-musulmans. Ainsi : « Dieu ne vous défend pas d'être bons et justes envers ceux qui ne vous ont jamais combattus pour votre religion. En vérité, Dieu aime ceux qui sont justes. Dieu vous défend uniquement de vous lier d'amitié avec ceux qui vous ont combattus pour votre religion, qui vous ont chassés de vos maisons et qui ont participé à votre expulsion. Ceux qui se lient avec ces derniers sont des injustes » (Coran 60, 8-9).

Ces mêmes savants soulignent que le Coran et la tradition islamique portent une attention particulière aux juifs et aux chrétiens, appelés « les gens du Livre », qu'ils vivent parmi les musulmans ou non. Parce qu'ils sont les adeptes d'une religion révélée par Dieu, il y a entre eux et les musulmans des liens de parenté. Il est permis de manger avec eux et de manger ce qu'ils ont égorgé, permis aussi d'avoir avec eux des alliances, d'épouser une des leurs : « La nourriture de ceux qui ont reçu le Livre vous est licite. [On vous a permis] les femmes chastes parmi les croyantes et les femmes chastes parmi ceux qui ont reçu le Livre avant vous » (Coran 5, 5).

C'est cette interprétation du Coran, incitant au respect des gens du Livre, juifs et chrétiens, qui a conduit le roi du Maroc à inviter, en août 1985, le pape Jean-Paul II pour une visite officielle dans son pays. Souverain d'une nation totalement musulmane, portant le titre de commandeur des croyants, il n'a pas craint de laisser le chef de la plus grosse Eglise chrétienne s'adresser à la jeunesse marocaine dans le grand stade de Casablanca. Un événement au moins aussi important, en termes de reconnaissance, que la visite que fit au Vatican, en novembre 1974, une délégation d'*oulémas* et de dignitaires saoudiens. Lors de leur séjour en Europe, ceux-ci prièrent même dans la cathédrale de Strasbourg où l'évêque leur avait accordé une hospitalité abrahamique.

Le dialogue interreligieux, bien entendu, est autre chose qu'une simple cohabitation pacifique. Vivre en dialogue, c'est, pour des croyants, devenir solidaires dans le monde où ils coexistent. C'est être témoins ensemble – cotémoins – de la foi qui anime chacun dans le respect de la foi d'autrui. Et c'est se reconnaître progressivement comme des pèlerins qui s'entraident dans la quête de la vérité que personne ne peut détenir en propre. Pour devenir ainsi ces partenaires dans la recherche autant de la paix que de la réalité dernière, un certain nombre de qualités doivent être développées, qui constituent de vraies conditions pour le dialogue. Le pape Paul VI en avait identifié cinq, qui nous paraissent tout à fait pertinentes : la clarté, la confiance, la douceur, la prudence et la patience.

La clarté, d'abord. Il faut que l'on sache être clairs et vrais les uns avec les autres. Autant certains considèrent que tout dialogue interreligieux est une trahison de la vérité de sa foi ; autant d'autres voudraient nier de leur seule autorité toutes les différences. Or il y a entre les croyants des divergences importantes et irréductibles. Sur la question de Dieu, centrale pour la plupart des adeptes des grandes religions, il est quasiment impossible de parvenir à des accords complets. Comment concilier, en effet, les bouddhistes qui se désintéressent de l'existence ou non de Dieu, les hindous qui affirment que Dieu est trop grand et trop impensable pour qu'on l'enferme dans une seule définition et une seule image, les juifs pour qui le Nom du Seigneur est imprononçable, les chrétiens qui confessent que Dieu-Père a abandonné, d'une certaine manière, sa transcendance pour venir, en Jésus-Christ, son Fils, partager notre humanité jusque dans la mort, et les musulmans qui affirment que l'homme ne peut être que le serviteur d'un Dieu tout-puissant qui sauve et damne qui Il veut ?

Des problèmes de vocabulaire se posent, les mêmes mots employés par les uns et par les autres n'ayant pas le même sens. Ainsi, des chrétiens et des musulmans pourront parler d'« amour » de Dieu, de « proximité » de Dieu sans que cela recouvre tout à fait les mêmes réalités. Si le Dieu que Jésus dévoile est un Dieu dans l'intimité duquel il est possible d'entrer, tel n'est pas le Dieu révélé par le Coran. Certes, l'islam fait découvrir un Dieu qui aime ceux qui sont bienfaisants, mais il ne rentre pas dans une réciprocité affective entre Dieu et l'homme comme le christianisme le fait. Et quand le Coran parle de la proximité de Dieu avec ses créatures, c'est surtout pour souligner que Dieu sait tout de l'homme, qu'Il voit toutes les actions humaines. Ce n'est pas la proximité d'échanges ou de communion que propose le christianisme.

La deuxième condition nécessaire au dialogue, c'est la confiance. Si je ne peux pas faire confiance à celui avec qui j'entre en relation, comment dialoguer en vérité ? Après tant de siècles où les religions se sont souvent maudites mutuellement, où les unes et les autres ont cherché à être dominantes et exclusives, il n'est pas évident de croire que mon interlocuteur considère que ma religion est une forme légitime de la relation à Dieu et (ou) au monde. Je suis en droit d'attendre de lui des signes de sa bonne volonté. Je dois pouvoir être sûr qu'il est prêt, comme moi, à écouter, et qu'il est lui-même convaincu qu'il a autant à recevoir qu'à donner. Cette confiance, pour s'établir, nécessite du temps. Elle stipule que ceux qui entrent en dialogue ont eu suffisamment le souci de faire connaissance et de se dire les raisons qui les animent. Si des arrière-pensées restent cachées, le dialogue sera inévitablement faussé.

On ne peut ignorer, notamment, que nous sommes les enfants de l'Histoire. Or les rapports ont été souvent très difficiles entre nos communautés. Ainsi pour ce qui est des relations entre les fils d'Abraham, juifs, chrétiens et musulmans. Au fur et à mesure que se développaient les branches d'un même arbre, le droit de continuer à exister des premiers bénéficiaires de la Révélation s'est vu remis en cause. Nous ne pouvons nier ce passé, en faire fi et considérer que les conflits d'hier ne sont pas notre affaire. Inévitablement, tout cela a marqué les mémoires collectives, et explique des peurs et des incompréhensions du présent. Si des oppositions ont surgi, des raisons ont bien existé et subsistent peut-être. Comment, par exemple, les juifs pourraient-ils oublier, dans leurs relations aux chrétiens, les siècles d'antijudaïsme, les ghettos et les persécutions régulières qui ont fini par aboutir au génocide perpétré en des terres où le christianisme était enraciné depuis si longtemps ? Comment des musulmans peuvent-ils, de leur côté, ne pas avoir en mémoire les humiliations du temps de la colonisation, quand des chrétiens occidentaux leur proposent des rencontres entre croyants ? Ou comment des chrétiens ayant vécu le difficile statut de *dhimmi* en terre d'islam peuvent-ils croire facilement dans le droit d'exister à égalité que disent vouloir partager les musulmans d'Occident ? Des méfiances s'expliquent par l'histoire, qui doivent être dissipées.

Troisième disposition indispensable : la douceur. On ne dialogue bien avec l'autre que si on ne cherche pas à couvrir sa voix, que si on accepte de l'écouter avec une certaine tendresse, une certaine délicatesse et bienveillance. Le Coran, d'ailleurs, donne cette ligne de conduite pour la discussion entre musulmans, juifs et chrétiens : « Ne discutez avec les gens du Livre que de la manière la plus douce, sauf avec ceux d'entre eux qui ont été injustes. Dites : "Nous croyons en ce qui nous a été révélé et en ce qui vous a été révélé. Notre Dieu et le vôtre ne sont qu'un seul et même Dieu et nous Lui sommes soumis" » (Coran 29, 46).

Même sans le vouloir, on peut faire mal à l'autre par des paroles maladroites ou trop passionnées. Or ce n'est pas en violentant l'autre que je lui ferai comprendre et, peut-être, aimer « ma » différence. Je dois chercher à expliquer ma foi avec des mots que mon interlocuteur comprendra, qui ne le choqueront pas, et qui seront respectueux de ses propres convictions. Le chrétien aura le souci de ne rien dire qui puisse paraître désobligeant à l'égard du Prophète Muhammad. Et le musulman s'efforcera d'entendre ce que le chrétien cherchera à lui expliquer de la dimension trinitaire du Dieu unique, même si le concept de Trinité est difficilement pensable pour un fidèle de l'islam.

Aussi importante que les trois qualités précédentes : la prudence. On ne peut pas faire n'importe quoi dans le dialogue interreligieux. La bonne volonté peut parfois conduire à des confusions préjudiciables. Le jeune musulman qui assiste à un office catholique et qui, au moment de la communion, s'approche pour manger le pain de l'hostie, ne fait probablement pas avancer la cause du dialogue. De même le chrétien qui, le temps du mois de ramadan arrivé, choisit de jeûner avec ses amis musulmans. Le désir de se solidariser est beau, mais n'y a-t-il pas ambiguïté ? Si, chrétien, j'observe le jeûne du mois de ramadan, cela laissera inévitablement penser à des musulmans que je suis entré dans le chemin de la foi islamique. Comme si, musulman, je communie, cela laissera imaginer à des chrétiens que je m'engage dans la foi chrétienne... En revanche, des chrétiens et des musulmans peuvent décider de prier et de jeûner ensemble en telle ou telle occasion, mais en ayant bien pris le soin de préciser le sens et la portée de leur démarche commune.

Cinquième disposition, enfin : la patience. Le dialogue demande du temps. Il a fallu des siècles pour que l'impératif de la rencontre et du respect mutuel finisse par s'imposer à la conscience de beaucoup. Des pionniers du dialogue ont permis cela, du Mahatma Gandhi à Louis Massignon, de Taha Hussein à Jules Montchanin. Nous ne sommes ni les premiers à entrer en dialogue fraternel, ni les derniers. Nous avons tant de choses à nous dire qu'il faut du temps pour que nous nous les disions bien. Surtout, c'est en durant ensemble que l'on s'apprécie et qu'on peut véritablement se découvrir frères en humanité.

Ce dialogue interreligieux ne doit pas être, en tout cas, le domaine de quelques-uns, intellectuels ou théologiens. Dans notre monde de mélange, toutes les bonnes volontés doivent se sentir acteurs et responsables. Savoir se souhaiter mutuellement de « bonnes fêtes » quand celles-ci se présentent, avoir l'idée de partager un plat ou un gâteau caractéristique de sa tradition, ne pas hésiter à se questionner sur le sens de ce que les uns ou les autres célèbrent : voilà qui relève déjà du dialogue des religions.

Dans des périodes de tension, les croyants d'une ville, d'un quartier, peuvent aussi jouer un rôle considérable quand les incompréhensions, la peur ou même la haine risquent de s'emparer des populations. En janvier 1991, au moment de la guerre du Golfe, plus d'une rencontre réunissant juifs, chrétiens et musulmans a contribué à ce que la « tempête du désert » ne saccage pas nos quartiers. A chaque fois que, pris dans le typhon de violence qui détruit l'Algérie, des religieux catholiques ont été assassinés, les manifestations de sympathie que, ici comme là-bas, des musulmans ont su prodiguer à l'égard des chrétiens ont permis que ces meurtres ne soient pas retenus comme des actes de guerre de tout l'islam contre le christianisme. Et, réciproquement, l'engagement de chrétiens ou de juifs en faveur des musulmans bosniaques a quelque peu atténué le sentiment que l'Occident laissait mourir volontairement ces derniers. On sait, aussi, l'importance des marques de solidarité manifestées aux victimes de violences meurtrières, parents de jeunes Maghrébins tués par la haine raciste, parents de jeunes Européens assassinés par le gangstérisme d'autres jeunes...

En septembre 1994 s'éteignait le père Albert Decourtray, archevêque de Lyon. Il avait su, dans cette ville, devenir la figure morale de référence des juifs et des musulmans comme des chrétiens. Aussi ses funérailles eurent-elles lieu en présence de croyants de fois diverses, et avec l'hommage des dignitaires religieux du judaïsme et de l'islam. Un vrai moment de fraternité universelle, à l'image du rassemblement des chefs religieux du monde à Assise en 1986. Pourquoi ce qui est possible un jour ne le serait pas toujours ?

Qui donc est l'homme, Seigneur ?

PAR RACHID BENZINE ET CHRISTIAN DELORME

De retour du premier vol humain réalisé dans l'espace, le cosmonaute soviétique Youri Gagarine a cru pouvoir raconter fièrement à la presse qui l'attendait : « Désolé, mais je n'ai pas rencontré Dieu ! »
Notre expérience, rapportée au long de ces pages, nous permet d'attester que Dieu n'est pas à chercher dans des au-delà géographiques : Il se donne à connaître au cœur même de la vie des hommes. Certes oui, les mystiques, qu'ils soient chrétiens, musulmans ou d'autres grandes traditions, savent Le percevoir et L'entendre dans la solitude des déserts ou des montagnes. Mais la vie des plus grands d'entre eux, qu'il s'agisse de Rûmi ou de François d'Assise, d'Ibn Arabi, de Jean de la Croix ou de Thérèse d'Avila, révèle qu'ils ont tous acquis auparavant une vaste expérience de l'homme.

Si nous pouvons, un musulman et un chrétien de la France d'aujourd'hui, parler ensemble de Dieu comme nous le faisons, c'est que, en réalité, nous portons sur l'homme un même regard. Et non seulement nous sommes convaincus que des croyants de fois diverses partagent cette approche, mais nous savons aussi que de nombreux humanistes agnostiques ont la même conscience de l'inégalable dignité de l'homme. « Qui donc est l'homme, Seigneur, que Tu t'en souviennes ? Qu'est-ce que le fils d'Adam que Tu veilles sur lui ? » questionne le Livre des Psaumes (Psaume 8 et Psaume 144). Cette interrogation biblique, tout être humain qui réfléchit à la condition humaine se la pose d'une manière ou d'une autre, et plus particulièrement quand il se trouve confronté à des images douloureuses de l'humanité.

Oui, qu'est-ce que l'homme, lorsqu'il vit sur les trottoirs de Calcutta ou de São Paulo, démuni de tout, devant lutter chaque jour pour trouver une maigre subsistance qui lui évitera peut-être de mourir aujourd'hui et plus tôt qu'à son heure ? Qui sont-ils, ces enfants et ces adultes aux membres atrophiés et aux corps gris de poussière qui rampent au milieu des voitures et quémandent de quoi survivre ?

Qu'est-ce que l'homme, quand il s'agit d'un clochard de nos villes, tout plein d'alcool et de vermine, qui se laisse mourir à petit feu, « décrochant » progressivement de la société dont il ne se sent plus le cœur d'épouser les codes ?

Qu'est-ce que l'homme, quand la vieillesse a fait perdre la tête à des personnes aimées qui ne reconnaissent même plus leurs enfants ou leur conjoint, et qui deviennent incontinentes ?

Qu'est-ce que l'homme, quand, sur des lits d'hôpitaux, des êtres sont plongés dans des comas qui ne leur laissent plus qu'une existence d'ordre végétatif au point que l'on parle d'eux comme de « légumes » ?

Qu'est-ce que l'homme, quand, dans des sociétés totalitaires, des individus sont cassés sous les coups et la torture, réduits à être des esclaves obéissant peureusement à leurs oppresseurs ?

Qu'est-ce que l'homme, quand une femme ou un enfant non consentant doit servir d'objet sexuel à d'autres humains en mal d'achèvement ?

Et moi (nous, toi... chacun pris personnellement), qui suis-je, qui me scrute devant un miroir ? Il y a l'être que je voudrais être, et il y a celui que je suis. Il y a ces ombres et ces lumières, ces dimensions de moi-même dont j'ai honte, et ces capacités formidables d'être un « homme bien ».

Sans doute y a-t-il bien des réponses à ces interrogations. Risquons-en quelques-unes...

L'homme est d'abord un être en quête de vie

C'est Guillaume, trente ans, qui, mourant du sida dans un hôpital lyonnais, aura eu pour dernières paroles : « Je veux vivre ! »

Ce sont ces gens accablés de malheurs, et qui trouvent pourtant encore la force de sourire.

Ce sont ces hommes, ces femmes, ces enfants qui arrivent à exister au cœur même de pays dévastés par la guerre, la famine, les épidémies, les catastrophes naturelles, du Liberia à la Tchétchénie, du Cambodge à la Bosnie. « Ce que nous avons fait, aucune bête au monde ne l'aurait fait », purent dire les rescapés d'une célèbre expédition polaire. Dans bien des contrées du monde, on reste ébahi de voir les forces de vie, l'ingéniosité pour ne pas mourir que savent déployer les gens apparemment les plus ordinaires. L'homme est capable d'héroïsme quand il s'agit pour lui de sauver sa peau et, plus encore peut-être, celle de ses enfants.

L'homme est un être en quête de sens

Aucune société humaine ne s'est constituée sans chercher à trouver le sens de l'existence. Mieux, il apparaît qu'aucun être humain ne peut exister sans chercher à répondre au « pourquoi ? » de sa présence dans le monde. Tout petit enfant se pose les questions métaphysiques élémentaires : « Qui suis-je ? » ; « D'où est-ce que je viens ? » ; « Vers quoi est-ce que je vais ? »... Et peut-être, surtout : « Tu m'aimes ? » ; « Qui m'aime ? »

L'absurdité de l'existence est refusée par la plupart des individus et des cultures. De multiples systèmes de représentation du monde s'efforcent de rendre compte d'une manière cohérente de la condition humaine. Et même quand l'existence humaine vient à être appréhendée chez certains comme le seul résultat « du hasard et de la nécessité », ceux-ci cherchent à tout prix à donner une dignité incomparable à l'homme. C'est Albert Camus et son *Homme révolté*. Tel Sisyphe remontant sa pierre au sommet de la montagne dont elle retombe sans cesse, l'homme ne doit jamais renoncer, même si ses efforts sont vains, car il y va de sa dignité !

L'homme est un être en quête de vérité sur lui-même

« C'est pas moi, ça ! » Combien de fois cette expression n'a-t-elle pas échappé de la bouche d'un jeune accusé de quelque méfait particulièrement crapuleux ? Cette vieille femme agressée, cette jeune fille violée : « Non ! je n'ai pas pu faire ça » ; « Ça ne me ressemble pas ! »

Et sans parler de situations extrêmes comme celles-ci, est-ce que moi-même je me reconnais toujours dans les actes que je pose, les paroles que je prononce ? N'ai-je pas, parfois, le sentiment qu'un autre que moi agit à travers moi ? N'y a-t-il pas en moi des identités qui s'opposent, les unes nous paraissant contraires à une « identité profonde » dont nous avons le pressentiment si ce n'est la véritable connaissance ?

Tous tant que nous sommes, à des degrés divers bien entendu, nous nous protégeons derrière des masques. Il faut faire « bonne figure » en société. Il ne faut pas laisser paraître aux autres, qu'il s'agisse de ses voisins, de ses collègues de travail ou ses enfants, les blessures qui nous marquent, les faiblesses qui nous caractérisent. Et pourtant nous voudrions tant être connus en vérité, au moins de ceux que nous aimons et qui, peut-être, nous aiment. Nous voudrions tellement pouvoir vivre, de temps en temps, sans avoir à tricher.

L'homme est un être en quête d'identité

L'être humain a besoin de se trouver des caractères le définissant, et le définissant en relation avec d'autres. Même s'il a conscience d'être par bien des aspects tout à fait unique, ce dont témoignent ses empreintes digitales qui n'ont nulle part leur pareil, il veut se savoir aussi semblable à d'autres. Angoissé peut-être par l'idée de la solitude mais craignant, en même temps, d'être trop identique aux innombrables hommes qui constituent les foules, il ressent le besoin de savoir qu'il partage avec d'autres des points communs qui le singularisent de manière communautaire. Ainsi s'exprime sa quête d'identité.

Pour la satisfaire, l'homme a besoin de se découvrir des racines, une généalogie. Il a besoin de vérifier qu'il s'inscrit dans une succession de générations, dans une « lignée ». Il va se découvrir comme participant à des groupes humains qui ont une certaine façon de se situer dans le monde, qui ont tels ou tels codes, telles ou telles pratiques familiales, sociales, religieuses... Peut-être prendra-t-il conscience qu'il est porteur, en réalité, de plusieurs identités (Lyonnais, Français, Européen, catholique, ou bien : Marocain, musulman, de la génération des vingt ans, etc.), et qu'il lui appartient de hiérarchiser lui-même ces identités. Le fait, par exemple, de se sentir d'abord musulman ou d'abord chrétien, plutôt que d'abord marocain ou lyonnais, étant de sa liberté.

L'homme est un être en quête de dignité

Aucun être humain ne peut supporter facilement de ne pas faire l'objet d'une certaine considération qu'il lie à sa qualité d'homme. Combien de bagarres de bistrot éclatent parce que l'un des consommateurs a eu le sentiment qu'on lui avait « mal parlé » ! « Il ne m'a pas respecté ! » dira tel ou tel protagoniste.

C'est Mourad qui, affaibli par le sida et ne pouvant plus marcher seul, est resté blessé au plus profond de lui-même parce que les pompiers parisiens, venus le chercher pour le conduire à l'hôpital, l'ont jeté dans un brancard puis dans leur fourgon avec un grand mépris.

C'est ce sans-abri dans un presbytère sollicitant un casse-croûte, qui sursaute quand il entend parler de lui comme d'un clochard : « Je ne suis pas un clochard, mon père : je suis un pauvre ! »

C'est ce détenu qui, las des brimades que lui inflige un surveillant de prison, finit par exploser et par déchaîner sa violence d'homme nié.

L'homme est un être en quête et capable d'amour

Celui qui ne reçoit pas d'amour ne peut pas vraiment grandir. L'amour est autant nécessaire au développement de l'homme que le soleil à la fleur. On sait tous les handicaps généralement irréparables que causent les manques d'amour dans les premières années de l'existence. Pour être aimés, ou au moins pour avoir l'impression d'être aimés, des êtres sont capables de tous les sacrifices, voire de passer par-dessus bien des trahisons et bien des humiliations. « Je sais que je ne suis pas la seule dans la vie de cet homme, reconnaît une femme quinquagénaire. Mais il est le seul qui m'a dit un jour un "Je t'aime" comme on ne m'en avait jamais dit. » C'est la même attitude que l'on rencontre chez cette femme prostituée qui accepte les violences de son souteneur, parce que aucun autre homme ne s'est montré attaché à elle, d'une façon qui ne soit pas passagère. C'est aussi ce qui explique le silence de l'enfant violé par son père : « Je veux qu'il m'aime ! »

Le premier mot qu'un enfant parvient à prononcer est « maman ». Et c'est bien souvent aussi le dernier qui s'échappe des lèvres du mourant dans un dernier sursaut avant de rendre le souffle.

Etre aimé... et pouvoir aimer. L'amour, en effet, est réciprocité. Et l'homme a, normalement, de l'amour à donner. Le jeune trisomique cherche à couvrir de baisers ceux et celles qui l'entourent. La vieille esseulée esquisse des sourires aux enfants croisés dans le square où elle tente de tromper l'ennui de ses journées.

L'homme est un être en quête de parole

Doué de raison, en mesure d'élaborer des constructions intellectuelles, de penser l'abstraction pour transformer le réel, capable de réflexion, l'homme est un être qui parle et qui a besoin qu'on lui parle.

Dès ses premiers jours, il se met en mouvement, s'éveille progressivement à la vie grâce aux mots qui lui sont adressés et qui sont autant d'appels à être et à devenir. S'il est sourd et muet, d'autres langages devront remplacer celui qui passe par les sons, mais il n'y a pas d'homme vivant sans voix pour s'adresser à lui. L'homme existe en étant appelé. Il fait exister les autres en appelant. L'échange, la communication sont inhérents à sa nature. Un homme à qui personne ne s'adresse ne peut que dépérir. De ce fait, l'homme est prédisposé à l'écoute.

L'homme est un être en quête de spiritualité

L'homme sait qu'il n'est pas que matière ; qu'il est plus que l'organisation, fût-elle savante, d'atomes ou de molécules. Il est doté d'un esprit qui ne se résume pas à son intelligence, et qui diffère, aussi, de son affectivité. Quelque chose de son être profond échappe au monde physique, émanation ou reflet d'une réalité supérieure.

Sa dimension spirituelle, l'homme la recherche. Il ressent le besoin de la développer, de la laisser s'épanouir. Une vie spirituelle peut lui devenir aussi essentielle à nourrir que la vie physique de son corps en demande de nourritures terrestres. Différentes voies s'offrent à lui, élaborées au cours des siècles et des millénaires par ceux qui l'ont précédé dans l'existence. Ce sont, pour l'essentiel, les traditions religieuses, qu'elles procèdent de révélations, de découvertes ou de sagesses lentement dévoilées ou élaborées.

L'homme est un être de mémoire

Cela rejoint son identité, mais aussi sa dimension spirituelle : l'homme est un être de mémoire. Son existence personnelle autant que collective s'inscrit dans un temps, dans un avant, un pendant et un après. Et l'homme conserve la mémoire des événements passés. Il en a besoin pour vivre le présent et construire le futur. Sa consistance humaine, celle des sociétés auxquelles il participe dépendent pour beaucoup de l'expérience consciemment accumulée. Sa liberté d'action lui est permise, malgré bien des contingences, parce qu'il peut se réclamer de plusieurs choix possibles dont il a conservé le souvenir. Et ce que l'homme accumule en toute conscience, il peut le transmettre tout aussi volontairement. Ainsi se construit, jour après jour, une humanité toujours en devenir.

La mémoire est essentielle à la vie intellectuelle de l'homme, ainsi qu'à sa vie spirituelle. Que serait une existence humaine sans souvenir ?

L'homme est un être en quête de joie

Les pleurs font souvent partie de l'existence humaine, tant la souffrance habite couramment la condition des hommes. Mais la joie est aussi spontanée chez l'homme que le chant chez l'oiseau. Imagine-t-on des enfants qui ne riraient jamais ? Ils existent, mais ce sont des enfants cassés.

Dans des situations parmi les plus difficiles, dans des conditions d'existence que l'on s'accorderait à traiter d'infrahumaines, les cris de joie et le jeu des enfants se font toujours entendre. Le rire fait s'exprimer l'innocence qui se moque de la fatalité ou du malheur injuste. Il constitue une brèche dans la pesanteur des choses.

L'homme est un être en quête du beau

Selon les latitudes et, plus encore, les civilisations ; selon, même, les tempéraments ou les éducations des uns ou des autres, les définitions et les appréciations de ce qui est beau varieront. Mais l'aspiration à la beauté constitue néanmoins un trait caractéristique de l'homme. Il est capable d'exclamation ou de saisissement, de ravissement devant le spectacle de la Nature. Il se sent lui-même une vocation de créateur, en mesure de faire resurgir par sa main, par sa voix, par des instruments de son invention quelques-unes des subtiles compositions de l'univers.

L'homme est en quête de réconciliation et d'unité

Se différenciant là aussi profondément des autres êtres animés qui peuplent la Terre, l'homme a conscience de son inachèvement, et peut-être aussi de ce qu'on pourrait appeler « la chute » ou la déchéance d'un état antérieur où il aurait été beaucoup plus complet, beaucoup plus parfait...

Les êtres sans blessure n'existent pas. Chacun porte en lui des traumatismes, des béances, des manques, des regrets au moins, de la nostalgie... Une recherche d'une perfection qu'on croit avoir peut-être perdue, ou dont on pense qu'elle nous est accessible, nous habite. Le sentiment se présente que nous sommes en partie « éclatés » ; que des morceaux de nous-mêmes demandent à être rassemblés et recollés. Une soif de réconciliation, avec nous-mêmes et avec le monde, nous tient. Un besoin de faire – ou de refaire – notre unité nous travaille.

L'homme est un être en quête d'espérance

S'il peut résister à tant d'épreuves, à tant de réalités qui le malmènent, c'est parce que l'homme est un être capable d'espérance même quand toute espérance paraît interdite.

Qu'est-ce qui peut faire croire encore à un avenir meilleur des hommes broyés par un système concentrationnaire ? Qu'est-ce qui fait qu'ils se raccrochent au moindre signe de liberté, comme celui qu'ils peuvent entrevoir grâce à des rats entrés dans une cellule privée de lumière ?

Les hommes ont conscience qu'ils ne sont pas faits pour l'échec, ni pour la maladie, ni pour l'esclavage, ni pour le malheur, ni même pour la mort dont pourtant ils savent qu'elle est la destinée de chacun. Tout cela serait trop injuste si telle devait être la condition humaine ! Demain doit pouvoir être meilleur, veulent-ils croire. Demain sera meilleur, proclament-ils !

La Bible et le Coran n'ont pas une approche tout à fait identique de l'homme, mais l'une et l'autre soulignent la grandeur de celui-ci : « Dieu créa l'Homme à son image ; à l'image de Dieu Il le créa ; Homme et Femme Il les créa. Dieu les bénit et leur dit : Développez-vous, multipliez-vous, remplissez la terre et dominez-la. Ayez autorité sur les poissons de la mer, les animaux du ciel et tous les animaux qui vont et viennent sur la terre ! » (Genèse 1, 26-28). Ou bien : « Dieu dit aux anges : Je vais instituer un vicaire sur terre » (Coran 2, 30), exigeant que les anges se prosternent devant cette nouvelle créature dont le Coran précise bien les étapes de l'apparition : « Nous avons créé l'homme d'un extrait d'argile, puis nous en fîmes une goutte de sperme déposée en un réceptacle sûr. Nous avons transformé la goutte de sperme en jointif, celui-ci en embryon dont nous avons fait ensuite une ossature que nous avons revêtue de chair. Nous l'avons ensuite transformée en une tout autre création » (Coran 23, 12-14).

Toutes les religions n'ont pas forcément conscience d'avoir le même Dieu. Mais toutes ont l'homme en commun. Respecter l'homme, tout homme, nous paraît une des formes essentielles de l'adoration due à Dieu.

Glossaire

Aïd : La fête. Les deux plus importantes fêtes religieuses de l'islam sont l'Aïd-al-Fitr (ou Aïd-al-Seghir) qui marque la rupture du jeûne à la fin du mois de Ramadan, et l'Aïd-al-Adhâ (ou Aïd-al-Kebir), qui commémore le sacrifice d'Abraham et de son fils.

Allah : Le nom arabe du Dieu unique, absolu, éternel, créateur de toutes choses, qui a communiqué sa lumière aux hommes par la Révélation. On trouve dans « Allah » le « El » qui, dans le monde sémitique ancien, était le terme générique qui servait à désigner l'Etre suprême. Comme les musulmans, les chrétiens du monde arabe prient Dieu en le nommant Allah.

Apocryphes : Par ce terme sont désignés des textes que le judaïsme et le christianisme n'ont pas retenus comme pouvant faire partie de leurs Ecritures saintes, et qui pourtant sont susceptibles d'apporter des éclairages particuliers sur ces traditions. Il existe, ainsi, plusieurs Evangiles apocryphes, certains étant des créations récentes, mais d'autres remontant aux premiers temps du christianisme comme l'Evangile de Thomas. La tradition musulmane a véhiculé un certain nombre de récits provenant de cette littérature religieuse chrétienne parallèle.

Bible : Mot dérivant de Byblos, le port phénicien antique où l'on traitait le papyrus. Désigne l'ensemble des Ecritures, juives ou chrétiennes, reconnues comme inspirées par la Synagogue ou

GLOSSAIRE

par les Eglises. La Bible juive rassemble les livres révélés à Moïse (la Torah), les Psaumes de David, les livres historiques (Josué et Juges) et les livres prophétiques (Isaïe, Jérémie, Ezéchiel, etc.). La Bible chrétienne se compose de deux Testaments, l'Ancien et le Nouveau, le premier regroupant les Ecritures appartenant à l'histoire d'Israël, le second réunissant les Evangiles, les Epîtres de saint Paul, saint Jean ou saint Pierre, et le Livre des Actes des Apôtres. La rédaction des différents livres bibliques s'est effectuée sur plusieurs siècles.

Chiisme : Branche séparée de l'islam sunnite. La rupture (ou schisme) s'est produite en 657, sur la question du successeur légitime du Prophète Muhammad. Depuis, le chiisme a cultivé une théologie et une spiritualité très particulières. Les musulmans chiites représentent environ 10 % de tous les musulmans. Ils sont majoritaires en Iran.

Chrétiens : Le nom a été donné très tôt aux disciples de Jésus, le Christ (« celui qui a reçu l'onction »). Au cours de l'histoire, les chrétiens se sont divisés, pour des raisons dogmatiques mais aussi politiques, en plusieurs Eglises (mot signifiant, en grec, « assemblées »). On compte ainsi les catholiques, qui reconnaissent une autorité particulière au pape, successeur de l'apôtre Pierre comme « évêque » (chef de la communauté) de Rome. De ceux-ci se sont séparés, au XIe siècle les orthodoxes, qui ont une conception plus « décentralisée » de l'Eglise. Puis, au XVIe siècle, ce fut le tour des protestants de rompre avec la tradition romaine, en reprochant fortement à l'Eglise catholique d'avoir abandonné la simplicité évangélique. Depuis une cinquantaine d'années, les grandes Eglises chrétiennes s'efforcent de se rapprocher et de retrouver l'unité (c'est ce qu'on appelle le « mouvement œcuménique »).

Coran : Le mot vient du verbe « qara'a » qui signifie « réciter ». Révélé graduellement durant plus de vingt ans, selon les circonstances politiques et religieuses, le Livre sacré de l'islam n'a pas été recensé selon l'ordre chronologique de la Révélation mais selon la longueur des sourates (« sections » ou chapitres).

GLOSSAIRE

Du temps du prophète Muhammad, les versets coraniques étaient mis par écrit sur des os plats, des peaux ou des pierres. Ces fragments furent réunis après la mort du Prophète par son compagnon Abû-Bakr, sous le contrôle d'un comité désigné à cet effet par le calife Omar. La recension officielle et définitive du Coran se réalisa vers l'an 650, sous l'autorité du calife Othman. La tradition musulmane considère majoritairement que le Coran est non seulement Parole de Dieu, mais encore qu'il est incréé et consubstantiel à Dieu (ainsi les musulmans disent du Coran ce que les chrétiens disent de Jésus-Christ).

Da'awa : La proclamation de la foi, comportant l'appel à la conversion d'autrui. Une exigence pour le musulman.

Dâr-al-Islam et *Dâr-al-Harb* : La Maison de l'Islam et la Maison de la Guerre. Les pays musulmans (une cinquantaine aujourd'hui dans le monde) sont considérés comme des demeures où tout musulman est censé pouvoir trouver la tranquillité, tandis que les pays non soumis à la loi de l'islam sont réputés dangereux. Cette distinction entre les deux catégories de territoires n'est pas faite, cependant, de manière aussi abrupte par tous les musulmans, beaucoup se sentant plus en sécurité, actuellement, dans des pays non musulmans que dans des pays où l'islam est religion d'Etat mais où sévissent des régimes dictatoriaux.

Derviche : Terme qui désigne « les pauvres de Dieu », ces adeptes du soufisme ayant choisi la pauvreté volontaire, l'ascèse, voire une certaine folie par amour de Dieu. Les membres de l'ordre confrérique mawlawiya créé par Rûmi, en raison de leur pratique de la danse, ont été appelés les « derviches tourneurs ».

Dhikr : La remémoration des Noms de Dieu. Une pratique favorite des cercles mystiques.

Dhimmi : Personne, juive ou chrétienne, vivant en terre d'islam et bénéficiant d'une protection de la part de l'autorité politique musulmane. Cette protection, cependant, sous-entend un statut de personne mineure dans la société.

GLOSSAIRE

Dogmes : Les vérités de la foi telles que les Eglises (ou la Synagogue, ou la communauté musulmane) les ont édictées une fois pour toutes.

Eucharistie : Le terme signifie, en grec, « action de grâces ». Il s'agit de la réactualisation du dernier repas de Jésus, où celui-ci a partagé le pain et le vin avec ses disciples pour leur annoncer le don de sa vie et pour leur laisser un signe de sa présence. On appelle aussi la célébration eucharistique « la messe », ou « repas du Seigneur ». C'est au cours de l'eucharistie que les chrétiens catholiques ou orthodoxes « communient » au Corps et au Sang du Christ.

Evangile : Le mot veut dire, en grec, « Bonne Nouvelle ». C'est tout l'enseignement, propos et gestes de Jésus, qui est ainsi appelé. Les Eglises ont retenu comme « authentiques » ou « canoniques » quatre livres évangéliques : ceux de Matthieu, Marc, Luc et Jean. Ces quatre livres ont été mis par écrit entre l'an 65 et l'an 90 de l'ère chrétienne, soit entre trente et soixante ans après la passion de Jésus.

Fatiha : La première sourate du Coran. Comportant sept versets, elle concentre toute la louange que le croyant doit à son Dieu.

Fatwas : Réponses données à une consultation sur un point du droit religieux par des docteurs qualifiés de l'islam (les « muftis »).

Fiqh : Le savoir, la compréhension. Science du droit religieux musulman, élaborée au cours des siècles en s'appuyant sur le consensus universel de la communauté des croyants. La jurisprudence islamique, après de nombreuses querelles entre les savants, a abouti à l'existence, dans le sunnisme, de quatre grandes écoles de droit portant les noms de leurs fondateurs : hanafite, malékite (école majoritaire au Maghreb et donc en France), shafiite et hanbalite.

GLOSSAIRE

Hadiths : « Dits », « propos » du Prophète Muhammad, ou relations de faits, habitudes et gestes de celui-ci. Des centaines de *hadiths* ont été recensés dans les deux siècles qui ont suivi l'Hégire, et ils ont été recueillis dans des ouvrages dont les signataires font autorité : Abou-Horeira, Al-Bukhâri, Muslim, Abû Dawûd, Al-Tirmizi, Nisâ'î, Ibn Mâja... On distingue les *hadiths qodsi* (ou *goudoussi*) qui sont considérés comme étant directement d'inspiration divine, et les *hadiths prophétiques* (ceux qui évoquent simplement les paroles et les usages du Prophète).

Hajj : Le pèlerinage. Titre que l'on donne, également, à celui qui a accompli le pèlerinage rituel à La Mecque et à Médine.

Hégire : La grande émigration que le Prophète a accomplie, en 622, avec ses compagnons pour aller s'installer à Yathrib (Médine). C'est à partir de cet événement que commence le calendrier musulman.

Hijeb : Le voile. Utilisé initialement pour protéger la demeure des femmes des curiosités des hommes, il a été progressivement conseillé ou imposé aux femmes, dans les pays islamiques, pour se couvrir la tête et les épaules. Selon les lieux et les époques, il n'a pas la même apparence et est plus ou moins porté.

Ijtihad : L'effort personnel pour l'interprétation de la Loi musulmane (*Sharia*), mené dans le respect des sources du droit islamique.

Imam : Celui qui guide la prière. En islam, il n'y a pas de prêtres, c'est-à-dire de personnes consacrées pour offrir, au nom de l'ensemble des fidèles, le culte à Dieu. Cependant, il existe tout un encadrement religieux fondé sur la possession de connaissances. C'est ainsi qu'il y a, dans les pays musulmans, des gens qui assument cette fonction permanente de guidance de la prière rituelle.

GLOSSAIRE

Jihâd (ou *djihâd*) : Le « combat dans le chemin de Dieu », conduit d'abord contre tout ce qui, en soi, est contraire à la Volonté de Dieu (« le grand *jihâd* »), ou mené contre les ennemis de l'islam (soit : la guerre, ou « petit *jihâd* ») quand la communauté musulmane est attaquée.

Ka'ba : Le sanctuaire sacré de l'islam situé à La Mecque, et dont la construction est attribuée à Abraham (Ibrahim) et à Ismaël. Le mot signifie « le Cube ».

Kâfir : Le mécréant, celui qui dissimule ou rejette ses convictions religieuses, l'infidèle.

Marabout : A l'origine, le mot a désigné des hommes qui se retranchaient du monde dans des places fortes en vue de la guerre sainte. Puis il a été appliqué à des saints thaumaturges aux vies légendaires saturées de signes charismatiques. Aujourd'hui, le terme est employé pour désigner les tombeaux de ces saints auprès desquels les gens, au Maghreb, viennent prier (pratique pourtant rejetée par l'islam orthodoxe). Il est appliqué, également, à un certain nombre de personnages religieux que vont consulter les gens en espérant trouver auprès d'eux des conseils mais aussi des solutions un peu « miraculeuses » à leurs problèmes.

Mollah : Dans l'islam chiite où existe une sorte de clergé hiérarchisé, les mollahs sont les maîtres en religion. Ils ont, au-dessus d'eux, les ayatollahs.

Muezzin : La personne chargée de l'appel à la prière.

Oulémas (sing. *âlim*) : Les savants de l'islam ou « docteurs de la loi ». Ils sont consultés sur toutes les grandes questions de droit ou de théologie dans les pays où ils existent comme corps constitué.

GLOSSAIRE

Qibla : La direction de La Mecque. Dans les mosquées, elle est indiquée par une niche appelée « mihrâb ».

Ramadan : Neuvième mois de l'année lunaire islamique, durant lequel est observé, du lever au coucher du jour, un jeûne total pour la purification du croyant et son retour à Dieu.

Sacrements : Actes qui sont réputés faire surgir du sacré dans la vie des hommes. Les Eglises chrétiennes ont toutes en commun le sacrement du baptême, par lequel une personne, quel que soit son âge, est reconnue comme entrant dans le peuple des croyants au Dieu de Jésus-Christ. Parmi les autres sacrements, on compte l'eucharistie, ou encore le sacrement de pénitence par lequel le croyant repenti se voit signifier, par le prêtre, le pardon de Dieu.

Salat : La prière rituelle (les cinq prières canoniques quotidiennes dont chacune porte le nom de l'heure à laquelle elle doit être accomplie).

Shahada : La profession de foi de l'islam (« J'atteste que Dieu est unique et que Muhammad est son prophète ») que chaque croyant a l'obligation de se remémorer sans cesse.

Sharia (ou *Charia*) : « La voie ». Trop souvent on réduit la *Sharia* à un certain nombre de dispositions juridiques répressives. Or la *Sharia* évoque toutes les obligations, tous les appels que Dieu a donnés aux hommes et aux sociétés pour qu'ils avancent dans le droit chemin.

Sira : La biographie officielle du Prophète Muhammad écrite par Ibn Ishâq vers 750.

Soufisme : On regroupe sous ce terme la mystique musulmane (le mot vient certainement de *souf*, la laine, dont était fait le vêtement des adeptes). Les formes de cette tendance de l'islam sont multiples. L'orthodoxie islamique se méfie du soufisme à cause

GLOSSAIRE

de la prétention à « l'union à Dieu » affichée par ses pratiquants. Cependant, celui-ci a influencé une grande partie du monde musulman et demeure vivace. Au cours des siècles, les soufis se sont regroupés en confréries internationales qui ont pu être très importantes. Des grands mystiques se sont révélés : Rabi'a, Hallâj, Rûmi, Ibn Arabi, Al-Ghazâlî...

Sourates : Sont ainsi appelés les 114 chapitres du Coran, qui, avec plus de 6 200 versets, totalisent 78 000 mots.

Sunna : La « tradition », « la coutume du Prophète », tout ce qui a été rapporté de lui par les grands auteurs traditionnels des premiers temps de l'islam. Les écrits des compagnons du Prophète et de leurs successeurs qui constituent cette *Sunna* sont la deuxième source d'inspiration de l'islam après le Coran.

Sunnisme : Il s'agit de l'islam majoritairement pratiqué dans le monde, celui qui est considéré comme étant le mieux resté dans la tradition du Prophète.

Taleb (ou *Taliban*) : Etudiant en religion.

Talmud : Autre grande référence, après la Bible, des croyants juifs. Le Talmud est le recueil écrit d'enseignements répétés et médités par une longue tradition orale.

Tariqa : Confrérie soufie.

Tawhid : Le grand dogme de l'islam : la proclamation de l'unicité de Dieu.

Torah : L'essentiel de l'Enseignement donné par Dieu au peuple d'Israël, contenu dans les cinq premiers livres de la Bible (le Pentateuque) qui sont considérés comme ayant été révélés à Moïse.

Umma : La communauté des croyants, autrement dit l'ensemble

GLOSSAIRE

des musulmans que compte le monde et qui sont appelés à se sentir membres d'une même nation.

Wahhabisme : Pensée musulmane très rigoriste née au dix-huitième siècle en Arabie. Devenu la doctrine de l'islam dominant en Arabie Saoudite, le wahhabisme tend à se répandre dans le monde entier grâce à l'argent du pétrole.

Zakat : L'aumône légale. L'homme n'étant que dépositaire des biens d'ici-bas dont Dieu seul est propriétaire, le croyant a l'obligation de donner une part de ce qu'il possède à de plus démunis.

Quelques adresses

L'Hospitalité d'Abraham

Avec une centaine d'amis, juifs, chrétiens et musulmans, Rachid Benzine et Christian Delorme ont créé, en juin 1996, l'association L'Hospitalité d'Abraham « pour le dialogue des cultures et la rencontre des hommes ». Cette association, qui gère une maison d'accueil et de rencontre à Sciez-sur-Léman (Haute-Savoie), veut promouvoir toutes sortes d'initiatives favorisant la connaissance des croyants de fois différentes et un meilleur vivre ensemble.

46, rue du Professeur-Grignard, 69007 Lyon
Tél. : 04 78 61 38 03 - Fax : 04 72 73 44 36
E-mail : abraham@imaginet.fr

Conférence mondiale des religions pour la paix

4, place de Valois, 75001 Paris
Tél. : 01 55 35 36 37

Fraternité d'Abraham

BP 231-08, 75064 Paris Cedex 08

Groupe d'Amitié islamo-chrétienne

92 bis, boulevard du Montparnasse, 75014 Paris
Tél. : 01 43 35 41 16

QUELQUES ADRESSES

Secrétariat des relations avec l'islam (SRI)

L'organe officiel de l'Eglise catholique de France pour le dialogue avec les musulmans.
71, rue de Grenelle, 75007 Paris
Tél. : 01 42 22 03 23

Centre socioculturel de la mosquée Adda'Wa

39, rue de Tanger, 75019 Paris
Tél. : 01 40 36 28 23

Centre islamique Tawhid

8, rue Notre-Dame, 69006 Lyon
Tél. : 04 72 74 18 69

Scouts musulmans de France

81, rue du Château-des-Rentiers, 75013 Paris
Tél. : 01 45 86 68 89

Remerciements

Ce livre, avant de voir le jour, a connu une gestation au cours de laquelle Marlène Tuininga nous a apporté le meilleur d'elle-même. Qu'elle reçoive ici notre reconnaissance.

Nos remerciements vont particulièrement à nos parents qui nous ont transmis le meilleur d'eux-mêmes. Puissions-nous, à notre tour, savoir communiquer ce que nous avons reçu à nos enfants ou à ceux qui nous sont confiés.

Ils vont aussi à Marie-France, à Reynolds Michel et René Payet qui nous ont offert, à Trappes ou à la Réunion, les lieux pour travailler. A Jean-Michel Degorce, Khalid el-Quandili, Azouz Begag, Stéphane Herbert, François Burgat, Abd al-Haqq Guiderdoni et Jocelyne Césari qui, d'une manière ou d'une autre, nous ont aidés.

OUVRAGES DE CHRISTIAN DELORME

Par amour et par colère
Éditions du Centurion, 1984

Quartiers sensibles
Écrit en collaboration avec Azouz Begag
Éditions du Seuil, 1994

DANS LA MÊME COLLECTION

« Paroles vives »

Le Jardinier, Roger BICHELBERGER.
Jésus, fils de l'homme, Khalil GIBRAN.
Paroles du Passant, Jean SULIVAN.
De miel et de fiel, Alain CHAPELLIER.
Confiteor, Bernard BESRET.
Le Moine et le Poète, Emmanuel MUHEIM.
La Contagion de Dieu, Jacques PAUGAUM.
L'Egypte intérieure ou les dix plaies de l'âme, Annick de SOUZENELLE.
Une vérité singulière, Yves PRIGENT.
La Conversion du regard, Michel BARAT.
L'Unité maintenant, Roger BICHELBERGER.
Fidèle rebelle, Jean CARDONNEL.
La Terre en devenir, Leonardo BOFF.
A l'écoute du cœur, cardinal MARTINI.
Le Christ cosmique, Matthew FOX.
Eloge du simple, le moine comme archétype universel, Raimon PANIKKAR.
Les Dimensions de l'amour, Henri BOULAD.
Dieu et la révolution du dialogue, Jean MOUTTAPA.
Un Juif nommé Jésus, Marie VIDAL.

*La composition de cet ouvrage
a été réalisée par
I.G.S.-Charente Photogravure à l'Isle-d'Espagnac,
l'impression et le brochage ont été effectués
sur presse Cameron
dans les ateliers de* **Bussière Camedan Imprimeries**
*à Saint-Amand-Montrond (Cher),
pour le compte des Éditions Albin Michel.*

Achevé d'imprimer en février 1997.
N° d'édition : 16305. N° d'impression : 1/507.
Dépôt légal : mars 1997.